甘肃特色文化普及丛书

甘肃特色文化普及丛书
编委会

主　任

陈元龙

副主任

崔建伟　罗　哲　席皓琳

委　员

严小明　宋小凤　潘维永　孟广成　郭忠庆
雍际春　王旺祥　郭俊叶　贾建威　李红霞
冯　岩　郑　颖　马智全

主　编

陈元龙

副主编

崔建伟　罗　哲　席皓琳

甘肃特色文化普及丛书

陈元龙 主编

【中国石窟艺术走廊】

石窟甘肃

SHI KU GANSU

郭俊叶 编著

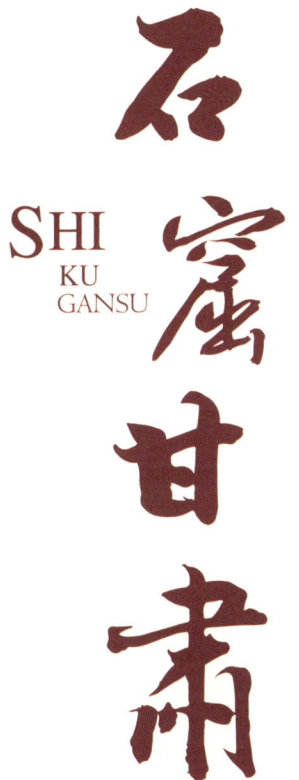

甘肃人民出版社

图书在版编目（CIP）数据

石窟甘肃：中国石窟艺术走廊 / 陈元龙主编；郭俊叶编著．-- 兰州：甘肃人民出版社，2021.4（2023.8重印）
ISBN 978-7-226-05645-5

Ⅰ．①石… Ⅱ．①陈… ②郭… Ⅲ．①石窟—介绍—甘肃 Ⅳ．① K879.2

中国国家版本馆CIP数据核字（2021）第 010178 号

策划编辑：肖林霞
责任编辑：袁　尚
封面设计：马吉庆

石窟甘肃：中国石窟艺术走廊

陈元龙　主编　郭俊叶　编著

甘肃人民出版社出版发行

（730030　兰州市读者大道568号）

兰州银声印务有限公司印刷

开本 710毫米×1020毫米　1/16　印张 16.5　插页 2　字数 230 千
2021年5月第1版　　2023年8月第2次印刷
印数：1 001~2 000

ISBN 978-7-226-05645-5　　定价：88.00 元

总　序

甘肃位居黄河上游黄土高原西端，地处我国版图的中心向西北部作带状延伸，东西长1655公里，南北宽530公里，总面积42.59万平方公里。东邻陕西省，西连青海省与新疆维吾尔自治区，南与四川省毗邻，北与宁夏回族自治区和内蒙古自治区接壤，并与蒙古国接界。其版图形状，正如习近平总书记比喻的"好似一柄玉如意"。

甘肃是中华民族重要的发祥地之一，历史源远流长，文化底蕴深厚。中国首次发现的旧石器时代之遗址即在甘肃境内。华池县赵家岔村洞洞沟和河西弱水阶地旧石器的发现，证明了远在20万年前的旧石器时代，我们的祖先就劳动生息在这里的一些河谷台地上，创造着辉煌灿烂的远古文化。新时器时代，从陇东到河西，从陇南到肃北，到处都有原始先民们活动的足迹。距今 7000 到 5000 多年前的秦安县大地湾遗址所发现的殿堂式建筑群、烧制陶器的窑址、彩绘鲜丽的陶器上的刻划符号，表明这时期的先民们已创造出了令人惊叹的古代文明。1923 年首先于临洮马家窑发现的马家窑文化，是我国黄河上游母系氏族文化的代表，在甘肃境内分布广泛，前后继承，反映了距今 5000 年到 4000 年前甘肃地区母系氏族社会向父系氏族社会过渡的发展阶段和先民们从事原始农业和手工业生产的情况。这些情况不仅说明以农业为主兼及畜牧、渔猎和采集的多种生存方式，已是当时社会经济的重要特色，而且出土的数量庞大、造型精美、色彩鲜艳的彩绘陶器，表现了先民们的创造智慧和高超技艺，堪称祖国的瑰宝，并使甘肃赢得了"彩陶之乡"的美誉。距今 4000 年前左右，甘肃境内的先民们又创造了齐家文化，这是我国黄河上游父系氏族文化的代表，因 1924 年首先发现于广河县齐家坪而得名，主要分布在黄河以东。当时先民们已掌握了冶炼红铜、青铜的技术。由于使用铜器，生产工具先进，有了剩余产品，便出现了商品交换和贫富分化，使先民们逐渐向阶级社会过渡。此外，在洮河谷地，还有辛甸文化、寺洼文化等遗存。在河西走廊，也发现了民勤沙井文化、山丹四坝文化、玉门火烧沟文化。这些文化遗存反映了河西先民以原始牧业和渔猎为主，由父系氏族社会向阶级社会早期发展的状况。

甘肃是人文始祖肇启之地，相传这里是伏羲、女娲和黄帝的故乡，被称为"羲轩桑梓""羲皇故里"。史籍记载，"太昊伏羲氏生于成纪"，即今秦安县北部。传其孕十二岁（十二年为一纪）而生，故命名诞生地为"成纪"。这是甘肃最早见于史籍的地名。伏羲氏"始画八卦，以通神明之德，以类万物之情，造书契以代结绳之政"。女娲乃母系氏族首领，据传是伏羲同母之女弟，也诞生于成纪（今秦安县凤尾树村）。据司马贞《三皇本纪》

记载，伏羲、女娲就是"龙的传人"的始祖。据《水经注》记载，"黄帝生于天水，在上邽城东七十里"的轩辕谷。"黄帝立为天子，十九年令行天下，闻广成子在崆峒之上，故往见之。"至今崆峒山有问道宫（黄帝问道处）、望驾山（以望黄帝驾临处）等遗址。黄帝并曾"西济积石，涉流沙，登于昆仑"。五帝中的颛顼高阳氏"西至于流沙地"（流沙，在今张掖市北，一说在敦煌）。凡此都进一步说明甘肃为华夏文明的发祥地之一。

甘肃不仅是人文始祖的故乡、周秦文化的孕育地，而且是中西文化交流交汇的必经通道和重要门户。自西汉张骞凿空西域以至唐代，这条闻名世界、横贯甘肃东西的陆上"丝绸之路"的开通，不仅使甘肃在东西文化交流上有了浓墨重彩的一笔，更为甘肃带来了无限活力，使其在民族融合进程中所形成的过渡性特点愈加突出。古代丝绸之路在甘肃大地不仅推动了中原与西域的交流，而且加快了中国与波斯、大食乃至欧洲各国各民族的文化大交流大发展，也带来了经济贸易的兴盛繁荣，以至于唐代，"自安远门以尽唐境，闾阎相望，桑麻翳野，天下称富庶者，无如陇右"。贸易往来又促进了民族之间的交往交流交融，使甘肃成为各民族大融合的桥梁和纽带。民族融合与民族文化交流促成了甘肃文化的多样性、渗透性、包容性特征。在甘肃，每个民族都以其宽阔的胸怀和开放的姿态进行情感与文化上的交流与认同。民族融合与文化交流还增强了甘肃文化的创造性与延续性。甘肃人民是富于创造活力的人民，盛传于陇原大地的伏羲与西王母的神话传说，已透露出勃勃的创造生机；近代以来在甘肃境内不断发掘出大量石器时代遗址中的劳动工具、房屋、墓葬等文化遗存，无不体现出甘肃先民们的创造精神；绚丽夺目的彩陶艺术、石窟艺术，则更是甘肃文化充满活力的重要体现。正是这种创造精神，才使甘肃文化得以薪火相传、赓续不断，丰富多彩、独具特色。甘肃古代民族中，羌、氐、戎以及党项等民族在历史发展进程中均发生了巨变，但其文化性格与品质却迄今辑存于历史典籍中，其风俗习惯至今还饱含、渗透在陇原民风中。

甘肃地域文化的鲜明风格和多元多样特征，在中国古代文明文化发展史上谱写了浓墨重彩的篇章。在华夏文化发展成为汉文化并形成汉文化圈的历史演进中，陇右文化始终伴随着汉文化的扩散传播而趋同，又因人口流动、民族迁徙、统一与分裂而趋异。陇右文化以所处地域而成就交流传播之优势，东与三秦文化唇齿相依，使汉文化得以在此流传发展演进；同时又以地处中西交通要道，西与西域文化毗邻，少数民族文化、外来文化在这里得以与中原文化碰撞、交流、融合，成为中原与周边政治、经济、文化力量伸缩进退、相互消长的中间地带，成为中原文化与周边文化、域内文化与域外文明双向交流扩散、荟萃传播的桥梁。甘肃文化成为一种独具特色的地域文化，与西域文化相比较，具有更多的中原文化特征；与三秦文化相比较，则又更多地含有少数民族文化的成分。这种过渡性特征与优势，既促进了甘肃文化自身的发展，又为三秦文化和西域文化的发展提供了充足的养分。这一切都充分说明，甘肃是中国最早接纳和走向世界文明的窗口，是古代中国、印度、希腊、伊斯兰四大文明交融的中心，是华夏文明形成过程中吸纳外来文化的蓄水池，是中国乃至世界古代文明的博览园。甘肃地区丰厚的文化资源是华夏文明肇启、繁荣、发展以及与世界文明交汇的重要见证和典型标志。自远古以至唐代，在政治、经济、文化诸方面，甘肃一直处于中国历史和华夏文明的主流之中。这不仅奠定了甘肃作为中华文明发祥地的重要历史地位，而且使甘肃成为了中华民族重要的文化资源宝库。2013年甘肃被国务院批准为华夏文明传承创新区。

在漫长的历史演进中，多种文明交流交融，不仅使甘肃成为一个多民族居住省份，而且形成了多姿多彩、内容丰富的甘肃文化，特色鲜明，亮点纷呈。甘肃被称为"石窟艺术之乡"，现存各类石窟佛寺337座，其中具有学术研究和旅游观光价值的大、中型石窟群40多座，敦煌莫高窟被誉为"人类艺术宝库",被联合国教科文组织列入世界文化遗产保护名录,天水麦积山石窟被誉为"东方雕塑馆",榆林窟、炳灵寺、天梯山、南北石窟寺等无不是华夏文明艺术最集中的体现,使得石窟艺术与宗教文化成为甘肃文化最高成就的体现,也是佛教文化含茹之下甘肃人想象力与审美体验的完美展示。甘肃也是"彩陶之乡",是我国彩陶起源最早、发展时间最长、分布范围最广、艺术成就最高的地区。甘肃还是简牍大省,现已出土简牍6万余枚,其中汉简数量居全国之首。临夏"花儿"是甘肃省第一个进入世界非物质文化遗产名录的艺术瑰宝。"道情皮影"第二个被列入世界非遗名录。在甘肃境内,秦、汉、明代古长城和城障纵横交错,累计长达4400公里,约占长城总长21196.18公里的五分之一,其中,阳关、玉门关、嘉峪关驰名中外。甘肃地处古丝绸之路的黄金地段,长达1500公里,沿线的天水、张掖、武威、敦煌四座城市被列为国家第一批公布的历史文化名城;陇东和陇东南地区分别是周人和秦人的发祥地,周王朝、秦王朝都是在甘肃奏响了向中原进军的序曲,奠定了中华民族农耕文明和政治制度的基础。

概而言之,甘肃最主要的文化类型有:始祖文化、长城文化、丝路文化、石窟文化、五凉文化、敦煌文化、简牍文化、黄河文化、红色文化等。根据甘肃文化资源的源头性、多样性、独特性、包容性等特点,甘肃文化资源可归纳为四类:一是华夏文明源头性文化,即伏羲文化、轩辕文化、西王母文化、大地湾文化、彩陶文化等;二是丝绸之路文化,主要包括长城文化、简牍文化、敦煌文化、石窟文化、五凉文化等;三是民族民俗文化,即伊斯兰教文化、藏传佛教文化、特有民族文化(东乡族、裕固族、保安族)、特色民俗文化等;四是红色文化,甘肃从东到西有不少红色文化遗址,如南梁苏维埃政府遗址、腊子口战役遗址、哈达铺会议遗址、会宁会师遗址、高台西路军纪念馆等,这些遗址赋予了甘肃丰富的红色文化资源。

甘肃丰富多彩的文化资源为打造文化品牌奠定了坚实的基础，但是，长期以来缺乏系统整理和宣传推广，或庋置于学术殿堂，或充溢于普通民众茶余饭后的谈资，或归于少数文史学者的研究领域，存在分散化、碎片化、地方化现象，文化资源没有形成文化优势，莫为外界所了解，文化影响力明显不足。2017年，中共中央、国务院印发了《关于实施中华优秀传统文化传承发展工程的意见》，对传承发展优秀传统文化提出了一系列具体要求和方法措施。2019年8月，习近平总书记考察甘肃时的重要讲话明确指出，既要深入挖掘敦煌文化和历史遗存背后蕴含的哲学思想、人文精神、价值理念、道德规范等，推动中华优秀传统文化创造性转化、创新性发展，更要揭示蕴含其中的中华民族的文化精神、文化胸怀和文化自信，为新时代坚持和发展中国特色社会主义提供精神支撑。要加强对国粹和非物质文化遗产保护的支持和扶持，加强对少数民族历史文化的研究，铸牢中华民族共同体意识。习近平总书记的讲话为我们系统整理、宣传推介甘肃文化指明了方向，坚定了信心和决心。为了深入贯彻落实习近平总书记重要讲话和中共中央、国务院意见精神，助力华夏文明传承创新区建设之急切需要，甘肃省社科联从自身职能出发，以传承发展优秀传统文化为己任，在认真调查梳理、深入挖掘研究的基础上，决定以课题委托形式组织省内专家学者编写《甘肃特色文化普及丛书》。在丛书的编写过程中，坚持先进性、传承性、可读性、普及性的原则，撷取有代表性的文化类型，共编写《羲皇故里》《简牍甘肃》《丝路甘肃》《石窟甘肃》《魅力花儿》《彩陶甘肃》《道情皮影》《红色甘肃》八部，总成系列，约180万字，面向省内外有重点地系统介绍甘肃特色文化，不以学术研究为首要，而以普及推广为指归，以期挖掘甘肃文化资源，打造甘肃文化品牌，彰显甘肃文化魅力，重塑甘肃文化形象，进一步引导人们了解甘肃、认识甘肃，增强文化自信和对甘肃文化的认同感和自豪感，从而激发开发甘肃、建设甘肃的积极性和创造性。

在编写过程中,各有关单位大力支持配合,各位作者在繁忙的工作之余倾力尽智、呕心沥血,历时一年有余,数易其稿,其艰辛唯有识者所知,在此表示衷心的感谢。但由于分头编写,内容各异,加之掌握资源有限,不足之处在所难免,希望读者多提宝贵意见,以资再版时修正。

《甘肃特色文化普及丛书》编委会

2020 年 12 月

前　言

甘肃，不仅有唐代诗人王维笔下"长河落日圆，大漠孤烟直"的壮美，更有散落如星辰的众多石窟，这些石窟传承着中华悠久的历史文化，是中华民族的文化瑰宝。

甘肃是"古丝绸之路"的必经之地，境内保存着大量的古代佛教石窟寺遗址。这些石窟寺像一颗颗璀璨的明珠，隐藏在各个依山傍水的山谷之中，从河西走廊西端一直到陇东、陇南，绵延1600多公里，据不完全统计，约有205处，恰如一座石窟艺术走廊。按地域可以划分为河西石窟群、陇中石窟群、陇东石窟群、陇东南石窟群，其中闻名中外的石窟寺就有敦煌莫高窟和西千佛洞、瓜州榆林窟、酒泉附近的文殊山石窟、张掖马蹄寺及金塔寺石窟、武威天梯山石窟、永靖炳灵寺石窟、天水麦积山石窟、庆阳北石窟寺、泾川南石窟寺等。这一座座石窟群，形成甘肃古代文化遗产奇观。

佛教石窟是建筑、造像与彩画相结合的艺术。甘肃石窟中保存有大量的各种形制的窟龛、佛塔以及木构窟檐、栈道等，塑像有泥塑，也有石雕，壁画更是丰富多彩，题材包括各种佛教神祇、僧俗人物、经变画与故事画、动植物、建筑、服饰、图案、歌舞乐器、交通工具、日常用具等内容，艺术手法与表现形式多种多样，窟内还保存着各个时代大量的供养人题记和榜题文字，是研究古代历史、书法的重要资料。

甘肃石窟有1500多年的营建历史，从十六国时期开始，历经北朝、隋唐、五代、宋、西夏、元，一直延续到明清时期，不曾间断。不同的石窟体现出不同的时代特色，观赏者如同漫步在历史的长河之中，尽情感受历史文化所带来的视觉享受和心灵震撼。炳灵寺石窟建弘元年（420年）的题记，将我们带到了鲜卑族乞伏氏所建西秦之时，在此也可一睹西域大禅师昙摩毗的风采；麦积山石窟中的"窃窃私语""童男""童女""小沙弥"让佛教更多地拥有了人间情怀，寂陵的开凿不免使人感叹帝王的无奈，登上散花楼爱上陇上江南的烟雨，更痴迷于那些在乐舞中散花的飞天；莫高窟第45、328窟的泥塑，第220窟的乐舞，让我们尽情领略大唐盛世气象。

佛教随着丝绸之路的开通传入中国，河西走廊地接西域，成为中国古代较早接触佛教和产生佛教艺术的地区之一。由于地处通道位置，甘肃的石窟艺术更能体现东西方文化的交融，特别是在早期石窟中更加明显，既有大量外来的文化因素，也有大量本土文化的特征，如莫高窟北朝石窟壁画中运用了来自西域的凹凸晕染法，炳灵寺第169窟的塑像之中可以窥见古印度犍陀罗艺术与笈多艺术风格，莫高窟第268窟和文殊山后山的多室禅窟多见于龟兹与中亚一带，文殊山后山千佛洞的飞天也具有龟兹风格，而莫高窟第275窟的阙形龛则具有中国传统的建筑特色，属于本土文化的因素。东西方文明在这里碰撞、交融，这里不仅是丝绸之路的必经之地、中外文化交流的重要通道，甘肃的石窟艺术更见证了文明的传播与交融。

当佛教及其艺术传入内地，得到中国历代王朝统治者的信奉和推行，并形成时代特色以后，王朝中心区的佛教文化及其艺术风格也不断地向外辐射，在甘肃石窟中可以明显看到中国历代王朝佛教文化的影响，如隋唐长安佛教艺术对敦煌石窟的影响等。通过甘肃石窟我们可以寻找中国历代佛教艺术发展的脉络，构建中国古代佛教艺术发展的序列，形成一部相对完整的中国古代佛教艺术发展史。

自古以来就有诸多少数民族在甘肃聚居，在千年的历史长河中，有一些少数民族在这里建立了政权或是其王朝的统治范围包括了这个区域。匈奴支系卢水胡人沮渠蒙逊在河西建立的北凉政权，氐族人建立的前秦、羌族人建立的后秦、鲜卑人建立的西秦、北魏、西魏、北周政权统治着这个地区，中唐时期来自青藏高原的藏族建立的吐蕃政权占领了河西地区，五代、北宋时期回鹘先后建立了甘州回鹘与沙州回鹘政权，北宋中后期至南宋时期党项人建立的西夏政权控制了甘肃的大部分地区，此后是蒙古族建立的蒙古国与元朝的统治范围包括整个甘肃。因此在甘肃石窟中保存有大量古代中国西北少数民族的宗教信仰和社会生活如服饰、民俗等方面的珍贵资料。麦积山第123窟的童男，戴毡帽，穿直身、左衽、窄袖、卷边圆领棉袍，脚穿棉鞋，双手拢于袖内，高高的鼻子，微眯的双眼，有北方游牧民族的特征。金塔寺东窟的化生自莲叶中化出，头发披于肩后，戴耳环，佩项圈，脸部方圆，有河西少数民族的特征。金塔寺东窟中心柱的飞天塑像，朴拙中不乏灵动，非常具有美感与动感，艺术之美又兼具民族特征，让人流连忘返。敦煌石窟中的于阗、回鹘的国王、公主像，服饰具有浓厚的民族风。在榆林窟的壁画中，有西夏王朝的国师、武官以及妇女供养像，民族服饰风格明显。

甘肃石窟艺术不仅反映了我国古代高超的佛教艺术水平，而且根据不同的地理环境，在不同区域因地制宜发展出各具特色的佛教艺术形式，河西石窟尤其是敦煌石窟以精美绝伦的壁画而闻名于世，天水麦积山石窟则被称为"东方雕塑馆"，庆阳北石窟寺以大型石雕而闻名。从祁连雪山到秦岭山脉，有戈壁沙漠，有牧场草原，有高原平川，也有崇山峻岭，丰富多变的地形与气候，让甘肃既具有大漠的粗放，又具有江南的烟雨秀丽，石窟的艺术特色也体现出不同的地域特色和民族特征。

甘肃绵亘千余年的石窟艺术，凝结着古代劳动人民的智慧，是古代艺术匠师们辛勤劳动的结晶，为我们留下了丰富、宝贵的精神财富。

目 录

001　敦煌石窟

003　一、莫高窟
004　1. 莫高窟的创建与早期三窟
008　2. 北朝石窟艺术的兴盛
026　3. 隋唐佛教的繁荣
055　4. 晚唐、五代、宋——归义军时期的敦煌石窟艺术
062　5. 回鹘、西夏、元代敦煌石窟艺术
065　6. 莫高窟北区
066　二、榆林窟
067　1. 弥勒经变——榆林窟第 25 窟
072　2. 文殊、普贤变——榆林窟第 3 窟
077　3. 水月观音——榆林窟第 2 窟
079　4. 毗沙门天王——榆林窟第 15 窟
080　5. 西夏军政长官的功德窟——榆林窟第 29 窟
082　三、西千佛洞
083　1. 精彩纷呈——第 9 窟

086	2. 回鹘可汗——第 16 窟
087	3. 罗汉堂——第 19 窟
088	四、东千佛洞
089	显密结合——东千佛洞第 2 窟
092	五、昌马石窟
093	1. 西夏壁画——第 2 窟
094	2. 北魏造像与西夏壁画——第 4 窟
096	六、五个庙石窟
097	八塔变——五个庙第 1 窟

103　河西石窟

106	一、文殊山石窟
107	1. 古朴的飞天与说法图——前山千佛洞
109	2. 西域风的菩萨和西夏的布袋和尚——前山万佛洞
112	3. 精美的平棋图案——后山千佛洞
114	二、马蹄寺石窟群
115	1. 南寺和北寺
117	2. 金塔寺石窟
123	3. 上、中、下观音洞石窟
124	4. 千佛洞
130	三、童子寺石窟
132	四、天梯山石窟
134	1. 大佛窟——第 13 窟
135	2. 历代重修、壁画层叠——第 1 窟

137	3. 优美的北凉菩萨——第 4 窟

139　炳灵寺石窟

141	黄河之滨的石窟
142	1. 第 169 窟的西秦佛教艺术
152	2. 炳灵寺北魏石窟艺术
157	3. 炳灵寺西魏、北周、隋代石窟艺术
160	4. 炳灵寺唐代及以后石窟艺术

167　麦积山石窟

169	陇上江南、烟雨麦积山
172	1. 麦积山北魏石窟艺术
179	2. 麦积山西魏石窟艺术
189	3. 麦积山北周石窟艺术
194	4. 麦积山隋、唐、宋代石窟艺术

199　陇东南石窟

201	一、水帘洞石窟群
202	1. 水帘洞石窟
204	2. 拉梢寺石窟
207	3. 千佛洞
209	4. 木梯寺石窟

211　　二、陇东南其他石窟
211　　　1. 大像山石窟
212　　　2. 华盖寺石窟
213　　　3. 法镜寺石窟
214　　　4. 佛爷台石窟

217　陇东石窟

219　　一、北石窟寺
220　　　1. 刺史奚康生窟——第165窟
223　　　2. 北周石窟的代表窟——第240窟
224　　　3. 盛唐塑像——第263窟
225　　二、泾川石窟群
225　　　1. 南石窟寺
227　　　2. 王母宫石窟
228　　　3. 罗汉洞石窟
230　　三、陇山石窟
231　　　1. 云崖寺石窟
232　　　2. 陈家洞石窟
232　　　3. 石拱寺石窟

235　　参考文献
237　　后　记

敦煌石窟

敦煌，一个古老的名字，最早记载于西汉司马迁的《史记·大宛列传》。张骞出使西域归来，向汉武帝介绍西域的所见所闻，当介绍到大月氏时，提到了"敦煌"，这是敦煌一名首次出现于史籍之中。

雄才大略的汉武帝派霍去病击败匈奴之后，便着手经营河西，先设置了武威、酒泉郡，当时的敦煌属于酒泉郡，但在西汉元鼎六年（公元前111年），敦煌又从酒泉郡中分出，专设敦煌郡，管理敦煌、冥安等六县。现在一般将古代敦煌郡以及晋昌郡（瓜州、沙州），包括今天的敦煌市、瓜州县、肃北蒙古族自治县和玉门市所辖地境的石窟，统称为敦煌石窟，主要有莫高窟、榆林窟、西千佛洞、东千佛洞、五个庙石窟、昌马石窟，另外还有一些小型石窟群如水峡口下洞子石窟、旱峡石窟、一个庙石窟等。这些石窟地域相近，艺术风格也相似。

从地域上来讲，敦煌石窟属于河西石窟的范畴，但由于敦煌石窟规模大，内容多，延续时间长，影响广泛，所以我们将其从河西石窟中分出来单独介绍。

一、莫高窟

莫高窟，俗称千佛洞，历史上也曾有其他名称，如"仙岩寺""崇教寺""皇庆寺"等，在敦煌市东南约25公里。石窟开凿于鸣沙山东麓的断崖上，崖面高40米至50米，由酒泉系沙砾岩组成，坐西朝东，前临宕泉河，遥对三危山。洞窟密布崖面，大小不一，历史上曾记载唐代时莫高窟有"窟龛千余"，可见规模之大。

敦煌莫高窟外景

石窟分南、北两区，全长 1600 余米，共有洞窟 735 个，彩塑 3000 多身，壁画 45000 多平方米。其中有壁画、塑像的佛窟共 492 个，绝大多数开凿在南区，只有少数洞窟在北区。北区的大部分洞窟无壁画、塑像，是僧人居住生活的僧房窟、打坐的禅窟以及安葬尸骨的瘗窟等。

莫高窟在前秦建元二年（366 年）创建之后，经过北凉、北魏、西魏、北周、隋、唐、五代、宋、回鹘、西夏、元等共 11 个时代的修建，历时 1000 年。明代因为嘉峪关闭关，莫高窟的修建一度中断，清代主要是重修。

1. 莫高窟的创建与早期三窟

敦煌的早期石窟，因为佛教从印度传入不久，所以不论窟形、塑像还是壁画都有着很深的印度艺术烙印，但也吸收了一些中国传统的文化因素。石窟的窟形有两种形式，一种是从印度传来的毗诃罗式，即在主壁塑造佛像，又在洞窟的两侧壁开凿成组的禅窟，用于僧人观像坐禅；另一种是佛殿式，在主壁塑造佛像，两侧壁不再开凿禅窟。造像以单身弥勒造像为主，塑像脸形丰圆，肩宽胸平，姿态端庄。壁画内容以佛传及佛教本生画为主，也有千佛与菩萨。佛传，就是佛的传记，指释迦牟尼从投胎到涅槃一生中发生的事情；而本生，则是指释迦牟尼佛前世的种种善行事迹。

人物形象大多以西域凹凸晕染的绘画方法来表现。凹凸晕染是来自西域的一种作画方法，是将人物的面部轮廓、眼眶，用红色做圆圈晕染，眼睛、鼻梁及身体的凸出部位涂以白粉，以表现人物面部和肢体的明暗和立体感。

（1）乐僔、法良之肇始——莫高窟的创建

公元 366 年，有一位和尚，携杖西行，以求佛法，行至敦煌三危山地境时，发现此地霞光满天，状有千佛出现，认为是无上吉祥之地，便凿窟修行。这位和尚名叫乐僔，他是莫高窟第一个建窟之人。乐僔和尚最早开凿的窟早已无从考证，也许只是一个小龛，仅可容身以禅修，但是这一举动，开启了莫高窟修建的序幕。乐僔之后,莫高窟又来了一位名叫法良的和尚,在此建窟修行。两位高僧是莫高窟的创建者,这就是敦煌文献中记载的"乐僔、法良发其宗"事迹,莫高窟的营建肇始于这两位僧人。

(2)莫高窟早期三窟——第268、272、275窟

莫高窟现存最早的洞窟是莫高窟第268、272、275窟,其中第268窟还有附属的4个小禅窟,开凿时代都在十六国时期的北凉,号称北凉三窟。早期三窟从窟形、彩塑到壁画无不体现出明显的西域文化与中国传统文化的融合。

①独特的窟形

第268窟的洞窟形制是来自印度的毗诃罗窟。洞窟不大,主室高1.7米,进深3.7米,宽1.2米。正壁开一浅龛,龛内泥塑交脚佛一身,窟顶浮塑彩绘套斗平棋图案,南北两侧壁各开两个禅窟。禅窟方形平顶,仅可容纳一人,主要用于僧人打坐修禅,原无壁画,后来在隋代绘制了壁画。这种窟形出现较早,与印度石窟窟形最为接近。

②舞蹈的供养菩萨

第272窟是佛殿窟,穹隆形顶,西壁开龛,龛内塑倚坐佛一身。窟顶浮塑套斗藻井,井心绘圆形大莲花。环四壁上部绘出了21身天宫伎乐,有的弹琵琶,有的吹横笛,有的吹法螺,有的击打腰鼓,有的持花,有的踏歌而舞。南、北壁绘千佛,千佛中间偏下部绘一幅说法图。更引人注目的是西壁龛外两侧成群结队的供养菩萨,非常有特色,北侧现存4排17身,有3身剥落,南侧4排20身保存完整,最下排菩萨由莲花承托,所有菩萨采取蹲踞式舞蹈,排列整齐,或正面,或侧身,身体晕染,有的戴花冠,有的不戴冠,大部分裸露上身,下系长裙,少数斜披袈裟,作出各种舞蹈动作,宝缯、帛带随舞跳动,动作热烈奔放,各不相同,有印度舞姿的特点。

③交脚弥勒菩萨

第275窟是早期三窟中最大的一个，平面为纵长方形，东西较长，南北较窄，高3.51米，进深5.4米，宽3.4米，盝形顶，中间平顶，两侧为斜坡顶，斜坡上浮塑椽子。此窟后经宋代重修。窟内西壁塑一身交脚而坐的弥勒菩萨，浮塑出圆形头光和三角形靠背。方座两侧各塑一身狮子，象征狮子座。菩萨高3.34米，头戴三珠化佛宝冠，面相丰圆，裸上身，佩项饰，肩挂帛带，下身系罗裙，用贴泥条加阴线刻技法表现裙子的衣纹线，衣纹密集，衣质轻柔贴体。

第275窟南、北两侧壁上层各开一个双树形圆券形龛和两个阙形方龛，龛内分别塑思维菩萨和交脚菩萨。圆券形龛是取自印度、西域的佛教建筑形式，而阙形方龛则直接模仿中国传统的建筑形式。第268、272窟的窟顶都采用了藻井形式，也是中国传统的建筑样式。第275窟南壁主要绘佛传太子出游四门图；伎乐穿插其间，裸上身，系长裙，头戴花冠，宝缯飞扬，披帛带，或弹琵琶，或吹长笛，或双手合十，姿态万千。上方是飞天，身体呈"V"字形凌空飞翔；下方一排供养菩萨。北壁主要绘佛本生故事，有"毗楞竭梨王身钉千钉本生""虔阇尼婆梨王剜身燃千灯本生""尸毗

莫高窟第275窟的交脚弥勒菩萨

王割肉贸鸽本生""月光王施头本生""快目王施眼本生"等，这些故事内容为六度修行，表现了佛教要求的忍辱牺牲精神。壁画中的国王穿西域式衣冠服饰，人物造型体态健壮，面相椭圆，高鼻大眼，采用凹凸晕染法来表现，西域绘画特征明显。

④太子出游四门故事

佛传故事画是描绘释迦牟尼生平事迹的故事画。第275窟南壁的出游四门是莫高窟最早的佛传故事画。故事说的是释迦牟尼佛在出家前，为古印度迦毗罗卫国悉达多太子时，先后出游宫城四门，分别遇见了老人、病人、死人、沙门。出游的所见所闻使太子体会到人生中的生、老、病、死之苦，促使他放弃王位、决意出家，去领悟宇宙人生的道理，证悟佛性，救度众生，在释迦牟尼一生中有着举足轻重的作用。

画面中一座中式建筑，太子头戴花冠，骑马出游，前方有一位仅穿短裤、白须皓首的老人，这是太子出东门遇见老人的情节。同一座建筑的另一侧，太子双手合十，面对一位穿袒右袈裟的僧人，似在交谈，这是出北门遇见沙门的情节。由于穿洞的破坏，另一座建筑的部分画面已残缺，出门遇病人、死人的场面不甚清楚。出游四门图，采用并列的组画形式，将单幅画排列于同一个横卷上，既可单独欣赏，又可连续观看，构图简练，一目了然。

⑤毗楞竭梨王身钉千钉故事

本生故事画是表现释迦牟尼佛在过去世中为菩萨时教化众生、普行六度的种种事迹。在第275窟的北壁，并排绘出了多幅佛本生故事画，其中之一是毗楞竭梨王身钉千钉本生故事。故事说，古印度有一位国王名叫毗楞竭梨，喜好佛法，宣布悬赏为他说法的人。有一个名叫劳度叉的婆罗门前来应旨，但要求毗楞竭梨王接受考验。毗楞竭梨王为了听闻偈言，按要求在自己身上钉了一千颗铁钉。

画面中，一人左手持钉，右手挥锤，正往毗楞竭梨王身上钉铁钉。国王随意而坐，神态安详，似乎沉浸在听闻佛法的喜悦当中，完全忘记了身钉千钉的痛苦。下方有一人用右手支着头部，愁眉苦脸，哀伤无比。上方有两身飞天在国王头顶飞翔，欢欣赞叹。采用主体式单幅画形式，构图简单、完整，突出了国王泰然自若、安详大度的精神，用肉体的痛苦衬托心灵的圣洁。

2. 北朝石窟艺术的兴盛

北朝时期，在鲜卑族统治者的提倡下，佛教大兴，北魏、西魏、北周在莫高窟都留下了浓墨重彩的佛教艺术之花。由于地处边远，北魏太武帝与北周武帝的灭佛运动都没有对敦煌产生大的影响，石窟未遭破坏，佛教艺术继续发展。

（1）北魏石窟艺术

北魏时期的洞窟，莫高窟现有10个，即在平定西域的太平真君六年到永熙三年（445—534年）期间开凿的洞窟。洞窟结构多中心柱窟，也就是洞窟后部中间有一方柱，连通地面和窟顶，在中心方柱四面开龛造像。中心柱象征佛塔，又称中心塔柱。这种窟形的意义在于"入塔观像"，是早期洞窟盛行的一种窟形，与当时流行的禅观思想有关。中心柱正面开一大龛，内塑交脚坐佛或者倚坐佛像，其余三面上下层开龛，上层阙形龛，下层圆券形龛。上层阙形龛内一般塑交脚坐弥勒菩萨像，象征弥勒菩萨在兜率天宫说法。圆券形龛内塑说法佛、禅定佛、苦修佛。塑像中还新出现了二佛并坐说法、胁侍菩萨、影塑千佛、影塑供养菩萨像等。壁画内容有故事画、天宫伎乐、飞天、千佛、药叉、婆薮仙、鹿头梵志等，其中故事画有萨埵太子舍身饲虎本生、尸毗王割肉贸鸽本生、沙弥守戒自杀因缘、须摩提女请佛因缘等。药叉是这一时期出现的新题材，是佛教驱鬼逐魔的护法神，一般绘于洞窟下层，身材肥硕健壮，浓眉怒眼，仅着短裤。

无论是在石窟形制、人物造型、衣着披帛、画幅构图等多方面，敦煌的北魏佛教艺术带有浓厚的西域风格，但也不乏中华本土的因素，体现出为了适应汉文化悄然进行的一些变化。这一时期的代表窟有第 251、254、257、259、260、263 窟，其中第 257 窟北壁的九色鹿故事、西壁的须摩提女请佛故事、南壁的沙弥守戒自杀故事，第 254 窟的舍身饲虎故事、尸毗王本生故事，第 259 窟的禅定佛等都是经典佳作。

①独具魅力的壁画——第 254 窟

第 254 窟，北魏修建。洞窟形制为前部为人字披顶，后部为平顶的中心塔柱窟。中心塔柱四面开龛，龛内塑像，正面龛内塑一身交脚坐佛。前部人字披浮塑出仿木建筑的横梁与椽子，两端有木质的斗拱，这是将中国传统建筑元素运用到了佛教石窟之中。

莫高窟第 254 窟窟内

南、北壁人字披下各开凿一个阙形龛，龛内塑一身交脚坐菩萨；两壁后部各有4个圆券形龛，龛内分别塑结跏趺坐的说法佛和禅定佛。南壁东起绘降魔变、萨埵太子舍身饲虎本生故事；北壁东起绘难陀出家因缘变、尸毗王割肉贸鸽本生故事。

西壁上部画天宫伎乐18身，中间绘千佛，千佛中央有一铺白衣佛说法图，下部绘药叉17身。东壁门两侧绘天宫伎乐、千佛、药叉，门上开一个明窗。

第254窟的故事画都是单幅画，异时同图，将不同时间发生的事绘在一幅图中表现。窟内壁画是北魏时期壁画中的精品，人物采用凹凸晕染法来刻画，独具艺术魅力，在中国美术史上具有重要的价值和意义。

萨埵太子舍身饲虎故事

舍身饲虎是一则佛本生故事。故事说，过去世有一个国王名叫摩诃罗陀，王有三个儿子，长子叫摩诃波那罗，第二子名摩诃提婆，第三子名摩诃萨埵。当时三个儿子外出至各处园林游玩，到了一处大竹林处休憩，两位兄长心感忧愁不安，只有小儿子自觉安隐受乐。之后他们继续前行，在前行时，发现了一只生了七只幼崽的老虎。老虎产仔，已有七日，无暇寻食，饥渴瘦弱，奄奄一息。第三子萨埵太子请二兄长先行回宫，之后，自己单独进入竹林，脱去衣服，躺卧于老虎身旁，老虎羸弱不堪，无力进食。太子随即以竹子刺破颈脉，从高山上纵身跳下，这时老虎才有力气舐血、吃肉。二位王兄寻找三弟返回虎所时，只寻见一堆白骨，悲泣而回。当时太子母亲做了一个梦，梦见自己两乳被割掉、牙齿脱落，得了三只鸽子，其中一只被老鹰抓走。王与夫人在得知小儿子舍身饲虎之后，悲痛不绝，来到饲虎处，收拾儿子的遗骨，建塔供养。萨埵太子即是佛的前生。

第254窟的萨埵太子舍身饲虎故事绘于南壁。内容上，主要绘出了故事发展的高潮部分，有竹剑刺颈、萨埵跳崖、饿虎围食、亲属抱尸痛哭、起塔供养等。构图上,把不同时间和空间发生的情节交织在一起,绘于单幅画内,形成主题鲜明而又有变化的整体结构。情节穿插,故事跌宕起伏,饥饿啖食的老虎和虎仔、抱尸痛哭的国王和王后,让画面呈现出惨烈又悲壮的气氛。

尸毗王割肉贸鸽故事

尸毗王割肉贸鸽本生故事绘于第254窟的北壁。故事说,古代印度有尸毗王喜好佛法,曾发誓要普救众生。帝释天与毗首羯摩为了试探他的诚心,分别变成了一只鹰和一只鸽子。老鹰饥饿捕食鸽子,鸽子逃到尸毗王那里寻求保护。老鹰则向尸毗王索要鸽子,并说,如果不给鸽子自己将会饿死。尸毗王左右为难,放了鸽子,鸽子会死,不放,老鹰会死,怎么办呢?于是王便割肉救鸽,用自己身上的肉换取鸽子的肉。老鹰要求王身上割下的肉与鸽子的重量相同才行。王便命人拿来一杆秤,一头放鸽子,另一头放置王肉。可是尸毗王身上肉即将被割完,也不及一只鸽子的重量,王于是整个人坐进了秤盘之中。这一行为感动了天地,此时,大地震动,天人赞叹,帝释天与毗首羯摩恢复了原形,帝释天使用神力也使尸毗王身体恢复原状。

尸毗王绘于画面中央,头戴花冠,夸张的缯带向上、向下飞扬,脸形椭圆、高鼻,眼睛、鼻子涂成了白色,成"小"字形脸,肩披横条纹帛带,裸上身,腰系长裙。左手在胸前,手腕弯曲,手指向外伸展,右手托一只鸽子,屈左腿、舒右腿正向坐姿,头微侧看向左侧的割肉侍者,造型优雅,动作优美,举手投足间自带高贵,即使是面对割肉,神情也是庄严沉静。割肉者仅穿短裤,正在割取王左腿上的肉。在王左侧还画有一幅画面,一人头戴白色卷檐帽,手中一杆秤,秤盘一头是鸽子,一头是尸毗王。尸毗王头光两侧各有两身飞天,飞舞的帛带,迅捷的动作,勾勒出飞天的自由和灵动,左侧的飞天之间绘出了老鹰追赶鸽子的场景,逃生的鸽子,紧追不放

莫高窟第254窟的尸毗王本生故事

的老鹰,将气氛推向高潮。尸毗王左右侧绘出多身后妃等眷属,姿态各异,有的双手合十,有的手捧双颊,有的转身侧脸,不忍直视,还有一身跪地,环臂抱住王的右腿,意欲阻止。国王左侧还绘出了穿红色袈裟、双手合十的帝释天,还有两身枯瘦年老的婆罗门形人物。尸毗王利刀加身而安详镇定,表现了佛教要求的悲悯施舍和忍辱牺牲的精神。

这幅本生故事画人物众多,情节完整,构图严谨,人物的动作、表情烘托出故事的紧张气氛。敦煌壁画中尸毗王割肉贸鸽故事最早出现在莫高窟第275窟北壁。该画面中尸毗王戴花冠,有圆形头光,裸上身,系短裙,浅蓝色帛带绕臂,右手中一只鸽子,屈左腿,舒右腿,端坐于方座上。一身菩萨胡跪一旁,左手持刀正在割取尸毗王右腿肉。第254窟割肉贸鸽故事画相比第275窟相同题材的画面,更具有故事的可读性。

②九色鹿的故事——第 257 窟

佛曾经做菩萨修行时,身为九色鹿,皮毛非常漂亮,有九种颜色,鹿角也是洁白如雪。九色鹿常在恒水边饮食水草,有一小鸟是它的朋友。有一天,恒水中有一落水的人随流水而下,时而浮出、时而沉没,正好抓住了一截树木,大呼救命。九色鹿听到呼救声,便来到落水人的面前,对他说:骑到我背上,抓住我的两角,我背你出水。到了岸边,落水之人叩谢九色鹿说:愿意作为奴仆为您驱使,为您采取水草。鹿回答:不用这样,如若报答,只有一件事,就是不要把我的行踪告诉别人,不然,人因为贪恋我的皮毛,必然会来杀我。

当夜,国王夫人做梦梦见了一只鹿,皮毛有九色,其角白如雪,便托病不起。国王问其缘由,夫人回答:昨夜梦见一只非常漂亮的九色鹿,想用它的皮做坐褥,用它的角做拂柄。国王便在国内招募:如有能得到九色鹿者,我将与他分国而治,并赐金钵、银钵,金钵内装满银粟,银钵内装满金粟。落水之人见财起意,便向国王告知九色鹿的住处,随即落水之人脸上长出癞疮。国王即率大军来到恒水边,当时九色鹿正在小憩,小鸟在树头见有王军来,怀疑是来捉杀鹿的,便啄鹿的耳朵叫醒它。但此时,王军重重包围,已经无法逃离。九色鹿来到国王前面,指认告密者——那个站在国王车旁边的癞面人,即是它前日从激流中救出之人。王为鹿的行为感动,下令自此之后,若围猎此鹿,将诛其五族。自此,群鹿依附,国家风调雨顺,五谷丰登,人无疾病,灾害不生,盛世太平。

第 257 窟的"九色鹿本生故事画"是横幅画,用了一种新的方式处理故事情节的发展。画面左起从左至右绘溺人落水、九色鹿营救、溺人跪别九色鹿、九色鹿眠卧等情节;右起从右至左绘国王与王后在一汉式建筑内、溺人跪于门外告密、王军出发、溺人浑身长癞疮遥指九色鹿等情节;在画面中央,则绘出了九色鹿与骑马的国王正面相对的场面。画面将不同的事

莫高窟第257窟九色鹿本生故事画

件,分别从横幅的两端绘起,按照各自故事的发展顺序,向中间汇集,最后就是双方的正面冲突。九色鹿面对国王大义凛然,慷慨陈词,国王急勒缰绳、势在必得,在双方的对峙中将故事情节推向高潮。这是一种对传统横向绘画形式的进一步发展和创新,故事的情节之间以山峦、屋宇或榜题间隔,继承了汉画像砖石铺陈故事的传统手法。

③东方的微笑——259窟的禅定佛

第259窟,北魏开凿,前部人字披,后部平棋顶,西壁浮塑半个中心塔柱,正面开龛,龛内塑释迦、多宝并坐像。南、北两壁上层各开4个阙形龛,下层各开3个圆拱形龛。

在北壁下层最东侧有一佛龛,龛内残存一尊禅定佛像和一身胁侍菩萨塑像。佛结跏趺坐于方形佛座上,高0.92米,双手于腹前结禅定印,着土红色通肩袈裟,衣纹用阴刻线表现,线条流畅灵活,造型厚重、圆润,

莫高窟第259窟的禅定佛

颈部稍微前倾，俯首下视，嘴角微微上翘，庄严宁静中透出禅修的愉悦，通过细致的刻画将塑像的人物内心世界表现得细致入微，神情恬静，笑容含蓄而唯美，将东方人的古典美展现出来，堪称东方的蒙娜丽莎。

（2）西魏石窟艺术

西魏，公元535—556年，北魏宗室东阳王元荣家族统治着敦煌。这一时期建造的洞窟，莫高窟现有11座，窟形与之前相比更加多样化，有中心塔柱窟、殿堂窟、禅窟等几种。塑像主要有佛像、交脚菩萨像和胁侍菩萨像等。

壁画题材内容有七佛说法图、无量寿佛说法图、千佛、天宫伎乐、诸天外道、金刚力士、故事画、中国传统神话题材等。故事画有婆罗门施身闻偈本生故事与五百强盗成佛、沙弥守戒自杀、化跋提长者及姊、度恶牛等因缘故事，表现形式有纵向长卷连环画、横卷式连环画、单幅画等。中国传统神话题材是西魏时期新出现的具有代表性的内容，有升仙图（一说东王公与西王母，又一说帝释天与帝释天妃）、伏羲、女娲、风神、雨师、雷公、霹电、飞廉、羽人、开明、禺强等，主要集中绘于莫高窟第285、249窟的窟顶四披。

壁画中的人物造型、服饰和绘画技法有两种风格，一种壁画涂土红底色，佛、菩萨面像长圆，身躯雄健，菩萨上身裸露，下身系裙，敷色浓丽，肌肤以凹凸画技法叠染，线条遒劲挺拔；另一种壁画以白粉为底色，人物面相清瘦，身材修长，身躯扁平，眉目疏朗，面带笑容，神情潇洒，风骨飘逸，穿汉式大袖襦服，胸前系小结，外罩对襟式袈裟，脚下笏头履，色调清新明快，线条秀劲洒脱，运笔疾速，富于韵律感。前一种风格是北魏风格的继承，后一种风格为新画风，是西魏时期特有的"秀骨清像""褒衣博带"风尚。

供养人画像，男女分列成行，僧侣为首，世俗人物随后，有王公贵族像和侍从像，也有少数民族人物形象。在这里我们可以看到北朝时期的古代汉装，男子头戴笼冠，衣服曲领，大袖长袍，着蔽膝，穿笏头履；女像头梳高髻，穿大袖襦和间色长裙。少数民族则头戴毡帽，穿裤褶，衣束带，脚下登靴。这一时期以第249、288、285窟为代表。

①东阳王时代的精品大窟——第285窟

第285窟，西魏开凿。覆斗顶，西壁开三龛，一大龛二小龛，中间大龛内塑倚坐说法佛一身，胁侍菩萨两身，两侧小龛内各塑一身禅修弟子像；南、北两侧壁对称开凿小禅室各4个；主室正中现存一低矮的方台，原来方坛上还有多层圆坛，坛上有塑像，现在已被毁坏。洞窟壁画内容不仅有秀骨清像的佛、菩萨像、故事画、供养人像等，还有印度的诸天与中国的神怪。

莫高窟第285窟窟内

窟顶的华盖式藻井，繁复而华丽，井心为大莲花，四边桁条上饰忍冬、云气、火焰纹，井外饰垂幔、彩铃，四角悬挂兽面、玉珮、流苏、羽葆。

窟顶四披，绘出了各种神仙鬼怪，有中国神话传说中的伏羲、女娲，有《山海经》等典籍中记载的神兽，如雨师、霹电、乌获、飞廉、三皇、羽人、朱雀等。

窟内南壁绘得眼林故事，释迦、多宝二佛，龛楣之间画宾头卢度跋提长者姊、度恶牛缘、沙弥守戒自杀缘、施身闻偈本生等故事，西壁上部绘摩醯首罗天、毗那夜迦天、鸠摩罗天、四天王、日天、月天等，北壁画无量寿佛、迦叶佛、释迦多宝佛等说法图七铺，东壁门南、北画无量寿佛。

主室北壁有西魏大统四、五年（538、539年）的发愿文题记，是莫高窟出现的最早建窟纪年题记，当时正值东阳王元荣任瓜州刺史，从洞窟的规模和艺术水准等情况分析，这个洞窟应该与东阳王不无关系，与敦煌文献记载的"建平、东阳弘其迹"相契合。

第285窟是典型的西魏洞窟，洞窟中出现的佛、菩萨画像与前期洞窟风格明显不同，尽显秀骨清像，体态潇洒，颇有南朝士大夫的气度。这种风格在南北朝时期尤其是北魏孝文帝汉化改革之后的中原广为流行，北魏后期随皇族宗室东阳王出任瓜州刺史传入敦煌地区。

伏羲与女娲

伏羲、女娲是中国古代神话中的创世之神，华夏始祖，二者均人首蛇身，传说为兄妹。

莫高窟第285窟的伏羲与女娲绘于主室顶部东披，相对绘出，居中为莲花摩尼宝珠，南侧为伏羲，北侧为女娲。二者上身均着大袖汉服，衣袖与帛带飞扬，下身如龙形，均甩着长长的尾巴，有两只利爪，前爪趴地，后爪向上翻起，胸前都有圆轮。伏羲右手持矩，左手持墨斗，胸前圆轮为日，日轮内的金乌已漫漶不清；女娲右手持规，胸前圆轮为月，月轮内的蟾蜍

第285窟的窟顶东披的伏羲与女娲

已漫漶不清。

飞廉

形状比较奇特，身体像鹿，头像雀，长角有蛇尾，身上长毛、豹纹，两肩有火焰状翅膀，奔腾如飞。他是中国古代神话中的神怪，又名风伯，司风之神，管理自然界中的风。绘于第285窟的窟顶。

三皇

绘于第285窟的南披、北披和东披，人头、兽身、龙尾、两肩有火焰状羽翼，南披的9个头，北披的11个头，东披的14个头（应为13个头）。三皇是神话中的神兽，多头龙身，头的数量不同，天皇13头，地皇11头，人皇9头。9头的神兽一说是屈原《天问》记载的雄虺，还有一说是《山海经》记载的虎身9头，每头

第285窟的飞廉（上）和开明（下）

均为人面的开明兽。

乌获

绘于第285窟的窟顶，是中国古代神话中的神怪，长着兽头、人身，有手有脚，双臂生长羽毛，腹部鼓出，仅穿短裤，身体强壮而有力。在秦始皇时为大力士，力能扛鼎，后来刻于墓内作为墓葬中的守护神。

计蒙

绘于第285窟的窟顶，神话中的司雨之神，又名雨师。他拥有龙的头，人类的身子，鸟类的爪子，双臂生长羽毛，挥动双臂，张开大嘴，口中喷雾，成云致雨。

日天、月天

第285窟的日天与月天分别绘于主室西壁的南、北角。在最南端的白色日轮内，日天菩萨有头光，高发髻，穿圆领上衣，面向东，双手合十，端坐于一驷马二轮厢车中。驷马两两相背，分头牵引车厢两端，向相反方向奔跑，象征日天昼夜不停，巡视四方天界。在日轮下面，画一辆车，前驱三只凤鸟，凤车拉着日轮向中央夔的方向疾速奔跑。凤车上有两力士，一前一后，其中前者一手持人面盾牌，另一手高高扬起似作驭车状；后者双手高举，似用力托着上方日轮。整幅正面，充满了动感。

关于日天形象的来源，有人认为它源自古代印度神话中的太阳神——苏利耶，另有人认为来源于祆教的密特拉神。

与日天相应，在第285窟西壁北侧上方还画有月天及其众神。月天位于画面最北端的圆轮内，与日天位置相对应。由于画面剥落严重，目前只能看到一身头戴宝冠的人物，双手交叉于胸前，正面坐于一圆轮支撑的车厢内。车轮南侧还残存两只鸟头和翅膀的部分。在月轮下面，画一辆车，前驱三只狮子，狮子车拉着月轮向中央夔的方向疾速奔跑。狮子车上也有两力士，一前一后，其中前者一手持尖角折棱盾牌，另一手高高扬起似作驭车状；后者双手高举，似用力托着上方月轮。月天的艺术来源也可能源自祆教，随着粟特商人来华，这些祆教的神灵也绘进了莫高窟的壁画之中，狮子车的图像也来自西方，这些都是中西文化交流、融合的产物。

鸠摩罗天画像

鸠摩罗天又名鸠摩罗伽，是佛教护法诸天之一，相传为印度神话中大神湿婆与雪山神女帕尔瓦蒂的长子，是一位战神。第285窟的鸠摩罗天位于西壁正龛北侧，上身正面裸露，背后所披披风在胸前打结，下身系罗裙，梳着儿童的三片式发型，四臂，乘孔雀，胸前一手捧一只白鸟，另外三只手：一手持长戟，一手举莲花，一手握葡萄。"鸠摩罗"意译即是"童子"的意思，所以发型为儿童式。

摩醯首罗天画像

摩醯首罗天原来是印度教中宇宙创造与毁灭神湿婆，后被佛教吸收，成为佛教的护法神。第285窟的摩醯首罗天绘于西壁正龛之北，有三面三目、六臂，上身着兽皮衣，下身系裙，游戏坐姿坐于侧卧的青牛背上。三面中的正面相为天王形，面相端正威严，头戴宝冠，宝冠正中化出风神，风神双手扯风巾。右侧一面为和善相，左侧一面为忿怒相。六臂中，上二臂左手托红色的日轮，右手托白色的月轮；中间二臂右手握铃，左手握短箭；下方二臂置于胸前，右手持物模糊，左手握弓。

山间的禅僧

第285窟窟顶四披下部，在山林草庐之中，有禅僧打坐修行。这些禅僧，袈裟裹头，结跏趺坐，两手于腹前相叠，作禅定印。山野间，山峦林木，郁郁葱葱，飞禽走兽，遍布林间，而禅僧则端坐修禅、闭目沉思，完全与林间的喧嚣隔绝，一动一静对比明显。

禅意译是静虑、思维修习等，也就是寂静审虑的意思。禅定或称禅思，是指将心念集中，冥想入定进行修行，是早期僧人的主要修行方式。

多民族的供养人像

出资建窟或者画像以求福祈愿的人就是供养人,也叫功德主,一般绘于所建洞窟内的壁面下层或者甬道两侧,或者绘于画幅的下方。第285窟北壁上部画七佛与弥勒说法图7铺,每铺下方绘供养人画像并书写发愿文榜题,榜题居中,男、女供养人分列于两侧。相较而言,这些供养人画像较小,但人物形象惟妙惟肖,动态十足。

北壁西起第一铺左侧为汉族女子像,身材颀长,着华丽的大袖襦服,一手执长柄香炉,衣带飘逸、动态从容,"翩若惊鸿,婉若游龙",犹如顾恺之笔下《洛神赋图》中的洛神,一种说法认为这身像可能是东阳王妃像;与女供养人像相对,发愿文的另一侧绘出了3身男供养人,头戴笼冠,身穿深衣袍,服饰上体现出王公贵族的特征,学者们猜测第一身可能是东阳王。其他各铺中的供养人题记中的名字有阴安归、滑黑奴、史崇姬等,姓氏中反映出有粟特人和嚈哒人。着装上,有戴毡帽、穿短裤,脑袋后面垂一小辫的鲜卑族人。供养人像真实反映了敦煌当时的民族构成,是一个多民族杂居的地方。

五百强盗成佛图(得眼林故事)

第285窟的五百强盗成佛图,绘于主室南壁东侧。古代印度一个叫憍萨罗的国家,有500强盗作乱,波斯匿国王派出军队抓捕平乱。画面中强盗们徒步,有的右手执短剑,左手持盾牌,有的拉弓射箭,国王的士兵则手持长矛,甲胄严身,身骑战马。面对国王的精兵良将,在一场恶战之后,500强盗以失败告终。强盗们被剥去衣服,剜去眼睛,双目鲜血淋漓,行刑场面非常惨烈。施以酷刑之后,被丢弃于深山野林之中的强盗们,头发披散,衣不蔽体,伤口疼痛难忍,哀号不绝。凄惨的呼叫声传入佛的耳朵,佛心生慈悲,以凉风吹雪山的种种香药使强盗们双眼复明,又现身讲经说法,使他们弃恶从善,皈依佛门,成为佛门弟子。最后的画面是五百强盗宴坐山林，或树下打坐，或手持梵夹辩论，山间群鹿出没，一片祥和气氛。

强盗们听佛说法的森林被称作"得眼林"，所以又称为得眼林故事。这幅画中总共绘出了五身强盗，以一人代表100人。画面反映了北朝时期真实的骑兵装备，是非常珍贵的历史资料。这则故事宣扬无论善恶，人人皆可成佛的大乘思想，内容取材于北凉时印度僧人昙无谶译的《大般涅槃经》。

②射猎图——第249窟

第249窟，建于西魏，覆斗顶的殿堂窟。窟内有两处射猎图，一处是射虎图，另一处是射鹿图，都画于窟顶北披。射虎图：一只猛虎越山跃谷，向骑于马上的猎人猛扑而来，猎人被逼于山林峡谷之间，危急时刻，便勒马回身拉弓引箭，生死相搏，悬于一发。急勒缰绳的马前蹄飞起，马头嘶鸣，猎人回首拉弓，动作娴熟、利落。连绵的群山之间，猎人与猛虎的较量，猎人的敏捷、老虎的凶猛，定格在瞬间，观后令人心有余悸。

猎鹿图：广阔的原野中，三只鹿昂首奋蹄奔逃，眼睛里充满惊恐。猎人骑于马上，手拿投枪，高高举起，前方奔命而逃的鹿，似乎唾手可得。

莫高窟第249窟的射猎图

两处射猎图，线条简练，用笔流畅潇洒，将射猎时紧张的瞬间情景描绘出来，动感极强，观之如临其境。画中的人、马、虎都大于背景中的崇山峻岭，正好印证了画史中记载的北朝山水画"人大于山、水不容泛"的情景。

（3）北周石窟艺术

北周（557—581年）开凿的洞窟，莫高窟现存16个。北周时，敦煌大姓令狐氏、京兆望族韦瑱、贵戚陇西李贤、建平公于义，先后执政敦煌，政治清明、社会安定，"丝绸之路"畅通无阻，甚至"波斯使主"张道义曾主政敦煌。在这样的背景下，莫高窟出现了规模空前的大窟，如第428窟，平面面积达到178平方米。塑像出现了一佛、二弟子、二菩萨的组合。经变画和故事画增多，新出现的有须达拏本生、微妙比丘尼因缘、善事太子入海因缘、福田经变、须阇提太子本生、睒子本生、涅槃变、独角仙人本生、梵志夫妇摘花坠死因缘等。绘画方面，人物面部的白鼻、白眼、白连眉、白下颔，如同汉字"小"的形状，是来自西域晕染画法变色后形成的特殊效果，故事画中的山水树木开始摆脱"人大于山、水不容泛"象征性的存在，

胡人驯马图——第290窟

渐趋写实。北周石窟艺术内容更为丰富，色调清新，生活气息更为浓厚。

第290窟，建于北周，前部人字披，后部有中心塔柱，窟主可能是瓜州刺史李贤。胡人驯马图，绘于莫高窟第290窟中心柱的西向面。画面中高鼻深目的胡人，身穿黑色圆领窄袖服，脚蹬及膝长靴，一手拉缰绳，一手举长鞭，两眼圆睁，正在转身驯服一匹枣红大马。马俯首低头，抬起右前腿，后腿弯曲，重心向后，将马被驯时一瞬间的身体反应刻画得惟妙惟肖。马背上还有马鞍，马鞍做工精致。画工以简练的线条，准确而生动地表现了马夫驯马的情形，绘画技巧纯熟。马的体形高大，高于旁边的供养人，突出了马尊贵的地位。北周武帝曾给瓜州刺史李贤赐过"金装鞍勒"的"中厩马"。画中的这匹马极有可能意有所指，是根据周武帝赐给李贤的骏马而绘制。

建平公窟——第428窟

莫高窟第428窟，营建于北周，在五代时重修，是莫高窟北朝最大的洞窟。一般认为是"建平公窟"，建平公，名于义，在北周时任瓜州刺史。

第428窟为中心塔柱窟，前部人字披顶，后部平棋顶，有方形的中心塔柱，柱四面各开一龛。窟顶主要绘禽鸟、莲花、忍冬、飞天、化生等。四壁上部为影塑千佛；下部绘供养人像行列；中部南壁绘说法图、卢舍那佛等，西壁绘说法图、金刚宝座塔、涅槃变、释迦多宝二佛并坐等，北壁绘说法图、降魔变等，东壁门南绘萨埵太子舍身饲虎、梵志夫妇摘花坠死因缘、独角仙人本生，东壁门北绘须达拏太子本生等内容，其中以南壁的卢舍那佛，西壁的涅槃变，北壁的降魔变，东壁的萨埵太子舍身饲虎、须达拏太子本生最为有名。

第428窟绘出1186身供养人像，是莫高窟供养人数量最多的洞窟。这些供养人有比丘、童子、清信士、释子等，有来自晋昌郡（今瓜州至玉门市一带）、凉州（今武威）、甘州（今张掖）等州郡的，也有来自某一寺

莫高窟第 428 窟窟内

院的,如永隆寺、福祥寺等,洞窟的营建可能由建平公倡导,有河西众多的僧人、信士参加。

卢舍那法界人中像

第 428 窟的南壁绘出了一身卢舍那法界人中像。佛身着通肩袈裟,右手结施无畏印,左手握袈裟边,伫立做说法相。袈裟胸部以上画阿修罗、须弥山、忉利天宫、飞天、佛,以示天上;腰至膝部画山岳、房舍、人物、禽兽等,以示人间;膝部以下画诸鬼界,奔走于刀山剑林之间,以示地狱。

卢舍那是释迦牟尼佛永恒不灭的法身,佛经有"无尽平等妙法界,悉皆充满如来身""佛身充满诸法界,普现一切众生前",画家根据经文创作出了卢舍那法界人中像,就是在佛的身体上用图画方式绘出法界的各种形象。山西大同云冈石窟第 18 窟的主尊是中国石窟中出现最早的一尊卢舍那像。

降魔变

降魔变绘于洞窟北壁。降魔变属于佛传故事内容,佛出家修行,苦行6年,终于将要在菩提树下悟道成佛,正当此时,欲界魔王波旬不顾其长子商主的劝阻,执意率领魔军、魔女前去骚扰佛祖,妄图阻止释迦牟尼成佛。魔军发动武力,使用各种武器和手段进行攻击,魔女则搔首弄姿,媚惑释迦,企图破坏释迦成佛的决心。释迦以无上智慧力,示现降魔相,一手触地作降魔印,施展法力击败了魔王和魔军,并且将妖艳的魔女变成了满脸皱纹的老太婆。敦煌壁画中按照不同的经典,有的绘3身魔女,有的仅绘出两身。

第428窟画面中释迦牟尼居中结跏趺坐,左手握袈裟一角,右臂下垂,右手掌心向下作触地印。佛右侧下部是头戴兜鍪、身穿盔甲、手执长剑的魔王,魔王身后是他的长子商主,戴冠、披巾,右手按住魔王的胳膊作阻止状,魔王回首,摆左手作拒绝的样子,形象生动。再后面是两位头戴宝冠、裸上身、披长巾的魔女。佛左侧下部对称绘出了魔王及其次子恶口,这两者两眼突出,面露被降服时的惊恐之色,后面是魔女变成的两身丑陋老太婆。佛周围左、右的上、中部各绘出妖魔鬼怪的魔军数身,奇形怪状、面目狰狞,有的投蛇、有的放箭、有的持棒。面对魔军的进攻,释迦镇定自若,安坐不动,降服魔众。佛座前方,一人仆倒在地,这是表现魔王被降服后"闷绝躃地"时的样子。

3. 隋唐佛教的繁荣

(1) 隋代敦煌石窟艺术

隋代结束了南北朝时期的分裂混乱局面,统一了南北,历史翻开了新的一页。隋代的开国皇帝隋文帝杨坚从小生长在佛寺,即位后大力弘扬佛法,推行"破斥南北,禅义均弘"的佛教方针,广建佛寺,广度僧尼,广抄佛经,还曾三次诏令天下诸州广建舍利塔,并在仁寿元年(601年)派遣京城高僧将舍利送到瓜州（即今敦煌）崇教寺建塔供养。在统治者的大力提倡下，佛教空前繁荣。隋朝非常重视与西域的关系。大业五年（609年），隋炀帝西巡到河西走廊的张掖，在焉支山接见西域二十七国的使者，可谓是中原王朝与西域经济和文化交流的一件盛事。表现在敦煌的石窟艺术中，不管是塑像或是壁画都出现了与以前不同的新风格、新气象，特别是隋代的壁画，摆脱了以前的朴拙之气，出现了一股清新风气。

隋代的窟形继承了早期人字披顶中心柱窟和覆斗顶形窟的建筑风格，但又有新的变化。中心柱窟新出现了须弥山形中心柱和正面不开龛而是贴壁塑立像的中心柱。覆斗顶形窟的窟内出现南、北、西三壁开龛的新形式，塑像中一佛、二弟子、二菩萨的格局已普遍流行，也流行"三世佛"。"三世佛"较为高大，高三四米，额宽颐广，头大，身短，符合佛教徒仰视的视觉需求。塑像中有端庄的佛、亲切的菩萨、虔诚的弟子，尤其是虔敬稚气的阿难、老成豁达的迦叶，神情特别丰富，以第427、420窟造像较为典型。

壁画内容除沿袭早期佛传、本生、因缘故事外，开始出现构图简单的阿弥陀净土变、维摩诘经变、法华经变、弥勒上生经变、药师经变等。佛画的绘制，也由叙事性形式开始转变为以描绘净土为主的经变画为主。

装饰图案上，出现了新传入的波斯狮凤纹、联珠狩猎纹、禽兽纹等，反映出敦煌佛教吸收波斯文化的因素。

在敦煌，隋代出现两种不同风格的壁画，一种是密体画，另一种是疏体画。中国历史上，密体画以顾恺之、陆探微为代表，疏体画则以张僧繇、吴道子为代表。密体画造型严谨，人物活动、山石林泉、庭院堂阁等描绘细腻，敷彩华美，色泽鲜丽，如第419、420、427、402等窟，壁画以"细密精致而臻丽"的风格而著称。疏体画是从北朝演变下来的，特征是线描精练、造型准确、晕染简单，以隋代第302、305、276、313等窟为代表。疏密二体共存是莫高窟隋代壁画的一大特色。

①开皇四年窟——第302窟

第302窟建于隋代初年,是有明确建窟纪年的洞窟。在中心柱底座北向面的发愿文有:"开皇四年六月十一日"等内容的题记,从而可知这个洞窟开凿于开皇四年(584年)前后。这一洞窟最有特色的建筑便是位于洞窟中心的中心柱,中心柱分上、中、下三部分。下部为方形基座,绘供养人像等;中部四面开龛,龛内塑一佛二菩萨或一佛二弟子;上部为上大下小的倒圆锥形山,分成7层,上部6层为逐层缩小的圆台,每层圆台外立面原来贴有一圈影塑,现均已脱落,最底层塑出四龙环绕的仰莲。这种形式的中心塔柱在敦煌仅出现在第302、303窟,束腰的中心柱象征佛教中的须弥山。

此窟主室前部为人字披顶,采用了中国传统的建筑形式。人字披上绘出了多种佛教故事画,有快目王本生、月光王本生、睒子本生,萨埵太子舍身饲虎等8种。

②传神塑像——第419窟的阿难、迦叶塑像

第419窟,隋代开凿,西夏重修,前部人字披、后部平顶,西壁开龛。

在西壁龛内采用绘塑结合的形式,塑出一佛、二弟子、二菩萨塑像,在龛内两侧壁上各绘出3身弟子像。主尊佛结跏趺坐于叠涩须弥座上,面相和身躯丰满圆实,神情庄严祥和,身上的田相格纹袈裟,质地厚重。二身胁侍菩萨跻身圆券龛内,丰满健康,五官和神情表现出少女娴雅文静之美。佛在讲经说法,身后绘出了炫彩的头光、身光,身光两侧各绘3身飞天,徐徐飞来,在空中散花,给庄严肃穆的说法会营造出一种轻松、愉悦的气氛。

塑像中尤其引人注目的是佛弟子像,二身弟子虔恭地站立于佛身旁,年老消瘦的迦叶站在佛的左侧,身披红色袈裟,右手托钵,耳戴圆形大耳环,脸上布满岁月留下的沧桑,肌肉松弛下垂又皱纹明显,脖颈处青筋暴露,半张的口中露出稀疏的牙齿,脚下蹬半高毛毡靴,塑造出一个年老又

沉毅达观的胡人弟子形象；阿难站在佛的右侧，左手托莲蕾，脸圆而润泽，眉秀而嘴敛，脚下穿浅口鞋，刻画出一个聪明而稚气的弟子形象。

这铺彩塑整体来说，手法洗练、概括，并略带夸张，造型浑厚，个性鲜明，是隋代敦煌石窟塑像的代表作。

（2）初、盛唐时期的敦煌石窟艺术

莫高窟第419窟的塑像

敦煌初、盛唐时期，从武德元年（618年）到贞元二年（786年），新建洞窟100多个。这一时期的早期洞窟，从洞窟形制到塑像、绘画风格基本上沿袭了隋代，但是到了贞观之后，随着大将侯君集率领大军灭高昌国，高昌初定，中原文化频繁西传，莫高窟的石窟艺术进入一个新时期，贞观十六年（642年）建造的第220窟是这一时期的代表窟。

洞窟形制以殿堂式为主，覆斗形窟顶，西壁开龛，龛内塑像。盛唐彩塑是唐代泥塑艺术中的珍品，一佛、二弟子、二菩萨、二天王、二力士，在像后的龛壁上又绘弟子、菩萨、天王像，形成绘塑结合表现讲经说法的场景，视觉效果上显得层次分明、济济一堂。在艺术造诣上唐代的塑像更具有人格化，追求生动刻画人物内心活动和外在表现，达到二者的统一。这一时期还营建了大像，有南、北大像和涅槃像，这是唐代政治、经济以及佛教繁荣的表现。

唐代的壁画色彩鲜艳，窟顶藻井的图案复杂，变化多样，颜色对比强烈，显得富丽堂皇。壁画内容主要是经变画，大多数通壁绘制一幅，气势非凡，有西方净土变、维摩诘经变、涅槃经变和弥勒上生、下生经变等。经变中描绘的净土世界中有亭台楼阁、雕栏水榭，一派华贵气象；人物刻画细腻，菩萨、飞天、舞乐、化生、供养人，都在力求表现形体美、动态美、奢华美、气韵美。

①初唐塑像——第328窟的塑像

莫高窟第328窟开凿于初唐，覆斗顶佛殿窟，西壁开龛，龛内敷彩贴金泥塑像现存8身，壁画除了龛内，其余为西夏重修。西壁龛内的塑像群整体结构完整，每个塑像形象完美。在开阔的敞口龛内，佛结跏趺坐于须弥座之上，螺髻，五官端正，身穿土红色田相袈裟，衣摆悬垂于座沿下，左手搭于左膝上，右手举于胸前作说法印，表情庄严肃穆、雍容大气。佛左侧弟子迦叶眉头紧锁，脖子上表筋暴露，双手合十恭敬肃立；右侧弟子阿难，脸庞丰圆，内穿华丽的贴金印花衣，外罩田相袈裟，双手于腹前随

莫高窟第328窟的塑像

意拢于袖内，身体略微弯曲闲适而立，足下踏莲台。左、右两侧的胁侍菩萨梳高髻，脸庞圆润，柳叶眉，长眼，直鼻，有髭须，五官端庄秀丽，睥睨下视，智慧而深沉，肌肤润洁，身材显黄金比例，半裸上身，斜披绛红色绣花络腋，一条帛带自左肩垂下后轻搭于右臂上，戴臂钏、手镯、项饰，腰系多彩贴金长裙，衣饰华丽，两手手心向上，一手自然落于膝上，游戏而坐，莲花承足，姿态优美而高贵，由内而外透露着大唐气息，无疑是唐代气象的化身。龛内近口沿处两侧各塑一身供养菩萨，龛外两侧转角处像台上也各塑一身供养菩萨，均胡跪，虔诚文静。龛内壁画以主尊佛为中心对称绘出了二身菩萨和八身弟子像，扩大了说法会的规模，拓展了彩塑空间。

整铺彩塑群，主次有序，或坐、或立、或胡跪，制作精细，技艺卓越，形神兼备，是唐塑中的杰作。龛内南侧的一身胡跪供养菩萨，1924年被美国人华尔纳盗走，现藏美国哈佛大学赛克勒博物馆，其余塑像保存完好。

②彩塑、壁画俱佳——第45窟

第45窟，建于盛唐，经中唐、五代重修，为主室西壁开龛的覆斗形窟。龛内泥塑存7身，保存完整。龛内顶部绘释迦佛与多宝佛在塔内并坐虚空说法会，与下方的释迦佛在灵鹫山说法会组成法华两会。释迦牟尼佛在灵鹫山讲《法华经》时，突然地下钻出一座宝塔，塔内有一尊佛为过去多宝佛。多宝佛为听《法华经》，让出半座给释迦佛，塔升至虚空，二佛并坐说法。

第45窟的彩塑写实性很强，形如真人，为盛唐彩塑中的精品。释迦佛庄严肃穆，迦叶老成持重，阿难温顺恭谨，胁侍菩萨健美热情，南、北天王威武雄健，各具性格特征，其中尤以迦叶及胁侍菩萨的形象情态为佳。

主室窟顶藻井绘团花井心；北壁绘观无量寿经变，经变布局为中堂式，中间净土变相，画西方三圣及楼台亭榭，两侧为条幅，分别绘经变故事画未生怨和十六观；南壁画观音普门品；东壁画地藏与观音。

俊秀的阿难、练达的迦叶、妩媚的菩萨、威武的天王

释迦牟尼佛居中结跏趺坐于须弥座上，一脸庄严，袈裟铺盖座面，衣摆悬垂，身后的头光和背光富丽堂皇，左、右两侧迦叶与阿难侍立，两身胁侍菩萨身体呈"S"形立于莲台上，南、北侧各塑一身天王立像。年轻的佛弟子阿难站立在佛的右侧，脸庞丰圆，五官俊秀，身材匀称丰健，内穿绣花衣，着色典雅，外搭袈裟，两手手指互拢置于腹前，刻画出一个潇洒睿智的富家弟子形象。迦叶侍立于佛左侧，高鼻深目，浓眉，络腮胡子，塑造出一位阅历高深、庄重练达的胡人弟子形象。两身胁侍菩萨梳高髻，五官明朗，温婉慈祥，凝脂莹润洁白，上身半裸，斜系红色络腋，下身系长裙，简约又华丽，身体作"S"形，婀娜多姿，娴雅又妩媚。两身天王脚踩小鬼，环眼突出，身着盔甲，一手叉腰，威武凶猛。

莫高窟第45窟的菩萨像

莫高窟第45窟的迦叶像

观音经变之商人遇盗图

观音经变是法华经变中的"观音普门品",常常从法华经变中独立出来,形成独立的观音经变,内容包括观音救苦救难与观音三十三现身。第45窟的观音经变绘于洞窟南壁,中间站立观音菩萨,头顶华盖,戴化佛宝冠,面部丰腴,翠眉明眸红唇,端庄慈祥,璎珞严身,艳而不俗,左手提净瓶。观音两侧绘观世音菩萨三十三现身以及救苦救难,这些壁画内容真实反映了唐代的世俗生活、民情风俗,其中的"救苦救难"部分,生活气息浓郁,人物栩栩如生,写实性极强,是研究盛唐社会生活的形象资料。画中人物众多,有王者、居士、长者、强盗、西域胡商、仕女、孩童、婆罗门等,构图紧凑、表现细腻,保存较为完好,是盛唐莫高窟壁画中的精品。

商人遇盗是观音救诸苦难中的一难,绘于观音经变的画幅西侧。在崇山峻岭之中,6位高鼻深目、卷须浓髯、头戴毡帽、身穿圆领窄袖衫的西域商人正在前行,却迎面被三位强盗拦截。强盗们头戴巾子,脚穿麻鞋,手持长刀。面对从悬崖幽壑中突然走出的强盗,商人们面露恐惧之色,双

莫高窟第45窟南壁商人遇盗图

手合十,最后一位举起双手,左手还拿着赶驴的鞭子,身后是两头负载货物的毛驴,商人们前面的地上放置着包袱和货架。画面正中上方,有一块红底榜题,墨书佛经经文:"若三千大千国土,满中怨贼,有一商主将诸商人,赍持重宝,径(经)过险路,其中一人作是唱言:诸善男子,勿得恐怖,汝等应当一心称观世音菩萨名号,是菩萨能以无畏施于众生,汝等若称名者,于此怨贼当得解脱,众商人闻,俱发声言:南无观世音菩萨,称(其名故)即得解脱。"经文的意思是,当商人路遇盗贼时,口念"南无观世音菩萨"便可避免灾难,化险为夷。

观音经变之罗刹难图

罗刹难也是观音救诸苦难中的一难,在敦煌壁画中经常出现。第45窟的罗刹难图绘于商人遇盗图的下方,画面中,一只大船,桅杆高竖,扬帆前行,船上10余人,有人戴斗笠,有人戴幞头,船尾一人掌舵,船侧数人划桨。水中,似人非人、拖着尾巴的罗刹鬼张牙舞爪,摩竭鱼张开大口前后夹击向船上袭来。船上多人双手合十,虔诚称念观音名号。

罗刹难事实上反映的是航海遇难,佛经里说:"或漂流巨海,龙鱼诸鬼难,念彼观音力,波浪不能没。"写实的画法,留下了唐代船只的真实面貌,桅杆上的一级级挂帆装置也被细微入画。不仅第45窟,敦煌自隋代以来,在不同时代都留下了航海遇难图,不同船型的形象资料,是非常珍贵的历史材料。

船只上方、桅杆旁边有墨书榜题:"若有百千万亿众生,为求金银、琉璃、车渠、玛瑙、珊瑚、琥珀、真珠等宝,入于大海,假使黑风吹其船舫,飘坠罗刹鬼国,其中若有乃至一人称观世音菩萨名者,是诸人等皆得解脱(罗刹之难)。"

③莫高窟标志性的建筑——南、北大像

北大像,始建于初唐,现编号第96窟,窟外木构窟檐九层楼是莫高窟的标志性建筑。敦煌写本 P.3720《莫高窟记》记载,在武周延载二年（695年）时,禅师灵隐与居士阴祖等人建造了北大像,但是中国历史上没有延载二年,原因可能是因为敦煌地处偏远,新年号的传入较晚,所以仍然沿用旧的年号,延载二年应该是证圣元年即 695 年,也就是说公元 695 年北大像建成。窟内塑一身倚坐弥勒大像,高 35.5 米,是敦煌石窟中最大的佛像。第 96 窟经过多次重修,地面也随重修时的填埋不断增高,因而大佛在不断变矮,考古发掘前为 34.5 米。1999 年,经过考古发掘,清理出历代重修时遗留的不同时代地层,发掘之后大佛又恢复到初建时的高度。

佛像内着僧祇支,外着红色袈裟,脚下踩莲花。佛右手上扬,五指向上伸直,掌心向外,作"施无畏印",意为可以解除众生的痛苦；左手置于左膝上,掌心向上,向外平伸,作"与愿印",意为可满足众生的愿望。两腿自然下垂,目光下视,高大威严。大像就岩镌刻石胎,在外部敷以草麻泥,再加雕刻敷彩而成。身下岩石内开凿有穿洞,信众可以自佛右脚外侧进入穿洞,从左脚外侧出,右绕礼佛。

洞窟外依山傍崖建有红色木构窟檐建筑,高 45 米,共有九层,气势恢宏。历史上九层楼曾有多次大的重修,窟外木构建筑也由 4 层增至 5 层,再至现在的 9 层。初建时外部楼阁为 4 层。在晚唐乾符年间（874—879 年）,张淮深因"北大像建立多年,栋梁摧毁"而重建,改四层为 5 层。宋代乾德四年（966 年）,归义军节度使曹元忠及其夫人凉国夫人浔阳翟氏主持将北大像下两层的已经损折的梁栋、橡杆进行了拆换。清光绪二十四年（1898年）,敦煌商人戴奉钰集资重修 5 层楼,因为修建时所用木材细小,十多年后建筑就有倾覆的危险。后来,莫高窟下寺的道士王圆箓发愿重修佛阁,但历经十多年未成。民国十六年（1927 年）以后敦煌德兴恒商号刘骥德联合敦煌乡绅逐年募捐续修,由莫高窟上寺住持易昌恕监理,历时 8 年,至民国二十四年（1935 年）终于修成巍峨壮观的九层楼。1986 年,敦煌研究院发现窟檐第 8 层横梁断裂，有坍塌的危险，便拆除第 8 层和第 9 层，进行第五次重修。这次重修只换了第 8 层的梁木，其他都保持了原貌。同时还揭换了各层的脊瓦，用红漆刷新了各层梁柱、廊檐，并在第 8 层修筑了保护围墙。2011 年，敦煌发生持续强降雨天气，致使九层楼建筑窟檐在长时间的雨水侵蚀下，出现不同程度的漏雨及墙皮脱落、坍塌等现象。敦煌研究院立项九层楼保护修复加固工程，该项目于 2013 年 4 月 1 日开工，于 2013 年 11 月 25 日完工。历史上，北大像在腊八时燃灯 10 盏，每层一盏，下层燃 2 盏，窟前建筑里的大像天王燃灯 4 盏，灯火通明，蔚为壮观。

弥勒大像的营建与当时的女皇武则天有关。武则天自称是弥勒下世，她在证圣元年（695 年）的尊号为"慈氏越古金轮圣神皇帝"，慈氏即弥勒，当时建弥勒大像之风自洛阳风靡全国，北大像就是在这种潮流下兴建而成的。

南大像，盛唐开凿，位于北大像之南，现编号第 130 窟。唐开元九年（721 年）由僧人处谚与乡人马思忠等开建，洞窟全部竣工在唐玄宗天宝年间，从开凿至完工先后用时 30 余载。

窟内塑像为倚坐弥勒佛像，高 26 米，是莫高窟第二大佛，高度仅次于"北大像"。与北大像一样，也是石胎泥塑的大佛，先在崖壁上凿刻出佛的大体轮廓，然后贴上粗草泥塑形，再抹细麻泥精雕，最后在表面敷彩贴金。大佛倚崖而坐，庄严雄伟，左手

莫高窟九层楼

自然扶于膝上,右手作"施无畏印",面部丰满,略带笑意,神情庄重而慈祥。佛像的头部高达7米,与正常人体比例不符。当虔诚而又渺小的礼佛者,在大佛脚下礼拜时,如何将佛像以最合适的比例展现出

莫高窟南大像

来?为适应仰视的需要,古代工匠将塑像的头部夸大,巧妙地解决了近距离礼佛时出现的头小体大的视觉问题,使观者在仰视的情况下,仍然能清晰地看到佛的面部表情,又不失正常比例。这一颇具匠心的艺术处理,充分显示了我国古代艺术匠师的智慧。

南、北大像都是倚坐造型的弥勒佛,在佛教信仰中,弥勒是继释迦牟尼佛之后的未来佛,他将于五十六亿七千万年之后降生人间。根据大乘佛经描述,弥勒成佛后,人世间会成为一个祥和、富足的美妙世界。弥勒思想反映了当时人们向往美好、安定生活的殷切希望,同时,两大洞窟的营造和建成,既是莫高窟营造历史上的伟大创举,也是唐代前期国家强盛、社会稳定、经济繁荣的象征。

都督夫人礼佛图

都督夫人礼佛图,绘于第130窟甬道南壁,题名"都督夫人太原王氏一心供养"。那么,都督又是谁呢?这位都督绘在了甬道北壁,与甬道南壁的夫人南、北相对,题记有"朝议大夫使持节都督晋昌郡诸军事守晋昌郡太守兼墨离军使乐庭瓌",是晋昌郡的都督、墨离军使,当时晋昌郡就

莫高窟第130窟都督夫人礼佛图

是今天的瓜州,唐天宝初年改瓜州为晋昌郡。由于经过重修,壁画有重层,唐代壁画为下层壁画,被后代的壁画覆盖,20世纪40年代剥去上层的残破壁画后,下层唐代壁画才显露出来,但显然此窟的唐代壁画没有第220窟的幸运。壁画在后期重修中,为了使重抹的泥壁更为牢固地附着于旧壁画上,原有壁画被划上了很多的划痕。当揭去上层的壁画后,发现唐代壁画上划痕明显,破坏严重,供养人像已然模糊不清,经段文杰先生在20世纪50年代复原临摹,夫人及其女儿、婢女形象才跃然纸上,雍容华贵之态尽显。

都督夫人身高超过真人,身后有两个女儿,题名为"女十一娘供养""女十二娘供养",另有9名婢女,身高根据不同身份逐渐变低。夫人及两女儿均着交领襦裙,脚穿翘头履,衣物表面装饰石榴等花卉图案,面部画桂叶眉,小嘴红唇,发上簪花,花钗、梳篦插于发间。夫人头顶有华盖,体态丰腴,双手挂白巾捧香炉,绿色襦服,红色曳地长裙,上身外罩红色半臂,有轻薄的白色披巾,绿色系带长垂于胸前,峨髻高耸,脸上抹胭脂。身后的大女儿双手持花,红色襦服,绿色曳地长裙,上身外罩黄色半臂,披白色帛带,红色系带长垂于胸前,峨髻高耸,脸上点面贴花。二女儿双手拢于袖内,手挂白巾,白色襦服,黄色曳地长裙,上身外罩绿色半臂,系浅蓝色披肩,红色系带长垂于胸前,戴凤冠,饰步摇,脸上点面。身后侍立的9名侍婢,多数着男装圆领袍服,各依年龄,绾结出不同发式,或捧花,或执壶,或持扇,或擎布施的奁匣。画中人物黛眉、樱桃小嘴,身材丰腴优美,神态生动,钗光鬓影,绮丽纷呈,审美独到,是一幅以人物为主题的贵族妇女礼佛图,为盛唐巨型人物画中的精品。在人物背景上也加以渲染,垂柳、萱草、花树之间的蜂蝶,勾勒出一幅艳阳和煦的阳春三月景象,礼佛兼有踏春的意味,具有高超的艺术构思和表达手法。

④大唐风采、盛世华章——翟家窟

第220窟,是一座家族窟,在洞窟主室西壁龛檐下有墨书"翟家窟"的题记,在洞窟东壁门上还有"贞观十六年"的纪年题记,所以此窟建于初唐,是敦煌翟氏家族的家窟。窟形为殿堂式,窟顶为覆斗形,西壁开一佛龛,龛内塑像,其他各壁绘画。

这是一座充满奇迹的洞窟,1944年,敦煌艺术研究所剥去了主室四壁表层的晚期重绘壁画,底层的初唐壁画赫然出现于眼前,流光溢彩的初唐艺术重见天日,北壁的药师经变,南壁的无量寿经变,东壁门两侧的维摩诘经变画都是唐代杰作。而更让人兴奋的是此窟甬道也为重层,1975年,敦煌文物研究所对重层甬道进行了整体搬迁,底层的壁画完好如初,非常惊艳。甬道北壁有五代后唐同光三年(925年)画的新样文殊画一铺,翟奉达家族供养人画像7身;甬道南壁有一小龛,龛内有中唐绘药师、释迦、弥勒说法图三铺及吐蕃供养人像等,龛上中唐绘说法图二铺及坐佛等,龛外两侧存中唐绘男女供养人像,龛外西侧五代翟奉达手书"检家谱"一方,龛下有晚唐画立佛一身、比丘3身和男女供养人像各3身。此窟的壁画,皆为上乘之作,代表了唐代莫高窟的高超艺术水平,进入洞窟,就会被其精湛的绘画艺术与大唐气象所折服,恍如梦回大唐。

无量寿经变

无量寿经变是西方净土变之一,用绘画的形式描绘西方净土的美好。第220窟的无量寿经变绘于洞窟南壁,绘西方三圣像,中间为阿弥陀佛(音译)或称无量寿佛(意译),两侧是观世音菩萨、大势至菩萨,有亭台楼阁、七宝池、八功德水,也有天乐不鼓自鸣、化生童子等。佛经说"观世音菩萨坐左华座""大势至菩萨坐右华座",也即佛左侧的为观世音菩萨,右侧为大势至菩萨。观世音菩萨宝冠中有一化佛,大势至菩萨头冠中有一宝瓶,化佛与宝瓶是区分两大菩萨的标志之一。

佛经说,极乐世界有七宝池,池中充满了八功德水,波光潋滟,水纹涟漪,池底用金沙铺地,台阶以金银、琉璃做成。七宝池上平台、栏杆、水榭、楼阁,结构布局多式多样,是"西方极乐世界",再现了人间园林的理想模式。七宝池中有莲花,有化生童子,也有禽鸟戏水其中。七宝池中的水,具有八种功德:一清净,二清冷,三甘美,四轻软,五润泽,六安和,七除饥渴等无量过患,八饮后能长养诸根。总之,八功德水清甜甘美,能除病养人。

第220窟南壁七宝池中的化生童子,有的穿竖条纹背带裤、短袖衫,有的穿短裤、裹肚,形象地展示了唐代的儿童服装形式,可与现代儿童装媲美。他们有的倒立,有的双手合十,嬉戏于莲花之中,非常逼真,充满了生活之趣。

经变上部,楼阁两侧绘出了众多的乐器,有竖琴、长笛、箜篌、琵琶等,飞行于空中,无人弹奏,但不鼓自鸣,似有清越悠扬的天乐自远处缥缈而来。

药师经变

第220窟的药师经变,绘于主室北壁。这铺药师经变,画师用重笔描绘出了药师七佛,这不同于其他药师经变,在莫高窟独此一例。画面正中绘出并列站立的药师佛7尊,佛之间有胁侍菩萨,药师佛穿红色袒右袈裟,每一身都一手持药钵,一手持锡杖。药师佛全称为药师琉璃光如来,是东方净琉璃世界的教主,净琉璃世界和西方极乐世界一样,美妙无比。药师琉璃光如来在未成佛之前"行菩萨道"时曾发十二大愿,愿成佛时解救众生,为众生谋福利,即佛经中的"饶益众生"。药师佛有两大胁侍菩萨,日光菩萨与月光菩萨,合称"东方三圣"。信仰药师佛可以使人脱离苦海,能除生死之病，属于"济生"，是现世的救苦，具体解除苦难的方法有斋僧、树幡、燃灯、放生等。

燃灯图

根据经文，如果有人身患重病，将死之时，亲属为他昼夜尽心供养礼拜药师佛，请僧人读诵《药师琉璃光如来本愿功德经》49遍，燃灯49盏49天，灯要大如车轮，轮为7层，一层7灯，造49尺长的五色彩幡，放生49只，病危之人就会死而复生，生命得以延续，危厄得以解除。

敦煌自隋代开始，药师经变中均绘有灯轮。第220窟的灯轮绘于药师经变中下方。灯轮中间有立柱，下有轮座，上方安置4层圆轮，每层圆轮可以燃灯多盏，有的灯已点燃，有的空缺，还未置灯。有一位菩萨，身姿曼妙，蹲于地上，正在点灯，另有一位菩萨姿态优美，站着接应，将灯放置于灯轮上，配合默契，全神贯注、虔诚之心，跃然画中。

礼佛乐队

第220窟药师经变中的礼佛乐队，绘于经变画下部，分两列相对坐于4块地毯上，左边15人，右边13人，共绘乐器26件，其中弹弦乐器3件，吹奏乐器10件，打击乐器13件，有箜篌、筝、花边阮、笙篥、横笛、竖笛、排箫、笙、拍板、海螺、答腊鼓、羯鼓、腰鼓、锣、方响等。乐队的乐伎上身裸露，斜披锦巾，演奏姿势逼真。这组乐队是敦煌壁画中在人数、乐器品种上最多的一组，乐器绘制精致写实。

南壁的西方净土变，也有一组乐队，绘制得也颇精致。乐队16人，分两列，左右各8人。乐器有：排箫、竖笛、箜篌、方响、琵琶、筝、笙、羯鼓、腰鼓、埙等。两组乐队比较典型地反映了唐代宫廷乐队的面貌。乐器中的埙仅出现于此窟，花边阮仅见于此窟和盛唐的第217窟，有珍贵的历史价值。

胡旋舞

"胡旋舞"是来自西域的康国乐舞,舞蹈时,二位舞女相对旋舞,急转如风,在鼓乐声中急速起舞,像雪花空中飘摇,像蓬草迎风飞舞,飞快地左旋右转而不知疲倦。在盛唐时曾经风靡一时,为唐代宫廷及上层所喜爱,杨贵妃与安禄山则是其中的翘楚,尤其擅长。当时有西域使者向唐王朝进献胡旋舞女,其中有康国、米国、俱密国等。《新唐书·西域传》载:"康国者……开元初,贡……胡旋女子。"唐代诗人白居易写了一首《胡旋女》,诗文中有:"胡旋女,胡旋女。心应弦,手应鼓。弦歌一声双袖举,回雪飘飖转蓬舞。左旋右转不知疲,千匝万周无已时。人间物类无可比,奔车轮缓旋风迟。曲终再拜谢天子,天子为之微启齿。胡旋女,出康居,徒劳东来万里余……"

敦煌是"胡旋舞"传入的必经之地,在唐代的敦煌石窟中出现了胡旋

莫高窟第 220 窟南壁的胡旋舞

舞女形象，真实地再现了胡旋舞的舞姿。

第220窟北壁东方药师经变下方，两列乐队中间有四身舞伎均赤足，在各自的小圆毡毯上翩翩起舞，挥舞帛带。左右各两人为一组。右侧两人，侧身而立，头上戴珠宝花冠，半裸上身，佩饰璎珞，戴手镯、臂钏，穿月白色的长裙；左侧二人，头戴珠宝头盔，上身穿锦甲半臂，挂璎珞，戴手镯，下身穿卷边长裙，绿色的围腰，背向观者，一腿向后抬起与直立的另一腿交叉。这幅四人舞图，画的都是舞伎的背面或侧面。右组左边的舞人是向左后旋转的舞姿，已可看到舞人的左颊；右边的舞伎是向右后旋转的舞姿，已可看到舞人的右颊。左伎向左后转，右伎向右后转，二人是相对旋舞。左组军旅装二舞伎，单腿而立，同样是相对旋舞，长巾环飘，璎珞横飞，辫发散披肩上，旋转动作如疾风闪电。

在同窟的南壁西方净土变乐舞图中也有二舞伎，各立于一小圆毡毯上，手执长巾，跨腿单足而立，二人面向前方，相对而舞。北壁的两组与南壁的一组舞伎刚好形成"初转""转半""转回"一套完整的舞蹈动作，具有连续性。

天龙八部

敦煌壁画中"天龙八部"是常见的题材，莫高窟第220窟药师经变七佛两侧的天龙八部堪称其中的杰作。"天龙八部"是佛教护法神，当佛在讲经说法时，会与诸大菩萨、比丘等一起来听法，包括天众、龙众、夜叉、乾达婆、阿修罗、迦楼罗、紧那罗、摩呼罗迦等八个部众，以"天众"及"龙众"为首，也最为重要，所以称为"天龙八部"。

第220窟的八部众，分为两组，画在药师七佛的两侧：龙王头戴龙首，迦楼罗顶着金翅鸟，摩睺罗迦头盘大蟒蛇，阿修罗手擎日月，乾闼婆戴狮头盔，夜叉头发直立，手执狼牙棒。这些神怪被佛经视为天地生灵中凶禽、猛兽、鬼神的代表，壁画把这些印度传说中的神灵赋予了人的面貌，但头顶着代表各自身份特征的动物,是敦煌佛教艺术中极富想象力的形象,也是外来神话题材民族化的精华。

⑤维摩诘像——第103窟

维摩诘经变,是敦煌经变画出现较多的经变画,是画家想要刻意描绘,也为人们喜闻乐见的经变画,经变中有许多精彩的故事,为众人所津津乐道。

现存最早的维摩诘经变见于炳灵寺第169窟,根据题记,绘于西秦建弘元年(420年)前后。鸠摩罗什在后秦弘始年间于长安译出《维摩诘所说经》,此经一经译出,就颇受欢迎,根据张彦远《历代名画记》的记载,东晋画家顾恺之在敕建瓦棺寺曾画有"清赢示病之容,隐几忘言之状"维摩诘像,使得名动京城,万人争睹,顾恺之由此享誉京华。

维摩诘,其名意译为无垢称或者净名。维摩诘是古印度毗舍离大城中的一个长者,家有万贯资产,奴婢成群,虽是白衣居士,但奉持清静戒律,具有神通智慧、非凡辩才,常出入大街小巷、酒肆、学堂甚至淫舍,以种种方便宣扬大乘佛学。他雄辩的才能、善巧方便的行事规则与魏晋时期提倡的清谈与玄学不谋而合,深受文人士大夫们的推崇和喜爱。

有一次,他称病在家,惊动了佛陀。佛陀先后让舍利弗、大目犍连、迦叶、须菩提、弥勒、阿那律、阿难等前去探病,但众人昔日都曾受过维摩诘的教导,知道维摩诘菩萨只是诈病,自觉没有能力与他辩论,推脱不去,最后佛派被誉为智慧第一的文殊菩萨前去,各大菩萨、声闻、诸天、人都知道是两大士之间的辩论,不愿错失良机,便随同前去毗舍离大城。文殊见到维摩诘后,两位菩萨展开辩论,互斗机锋,论说佛法,妙语连珠,义理深奥,信奉大乘、小乘的听众领悟力自是不同。其间维摩诘室中有一天女现身散花,花落在信奉大乘佛教的菩萨们身上,花瓣纷纷掉落,落在信奉小乘的弟子们身上,却抖而不落,通过花落与不落反映出大乘与小乘之间的区别和斗争。维摩诘使用神通力,从东方须弥灯王处借来三万二千狮子座，供众人就座。化菩萨从香积如来处请得香饭，供众人食用。有手擎大千世界等种种不可思议奇妙之事，让人目不暇接，真是一场佛教辩论的盛宴。

莫高窟第103窟建于盛唐，覆斗形顶，西壁开一龛。维摩诘经变绘于洞窟东壁，维摩诘像在门南侧，是敦煌同类题材中的佼佼者。画中的维摩诘坐于榻上，头戴巾子，身披红色大氅，白练衣裳，左腿屈起，左手抚膝，右手执麈尾，上身前倾，蹙眉张口，神思飞扬。维摩诘侃侃而谈、从

莫高窟第 103 窟的维摩诘像

容不迫，安详又自信，含蓄又奔放的气质，完美地将一个善巧方便教化众生的大乘佛教信仰者刻画了出来。天女手持团扇，舍利弗在抖落花瓣。这幅维摩诘经变基本上以线描为主，局部赋色，线条流畅，气韵生动，具有很高的艺术水准。

帝王问疾图

维摩诘经变中文殊菩萨与维摩诘居士相对绘出，处于辩论另一方的主要位置，在文殊下方绘中国帝王礼佛图，维摩诘下方绘各国王子礼佛图。

第103窟东壁门北绘文殊及帝王问疾图。画中的华夏帝王头戴冕旒，广额丰颐、浓眉大眼、隆鼻美髯、仪表堂堂，身穿十二章华服，脚下云头履，两臂张开，气宇非凡。大臣们手执笏板前后簇拥，侍者执两大长扇紧随于后。流畅明快的线条，将一个意气风发、踌躇满志的帝王，勾画得栩栩如生。

⑥龟兹舞——第205窟

第205窟,建于盛唐,覆斗形顶,有马蹄形佛坛。佛坛上唐代塑一佛、二弟子、二菩萨、二供养菩萨、二天王像,一铺9身。天王为中唐塑像,其中一身天王身披虎皮。

在洞窟北壁的西方净土变中有舞女二人,二舞女在方毯上相向起舞,互相呼应,左边舞伎正面,身躯向左倾,右手上举弹指,腕上系铃,左腿微蹲;右边舞伎背向,头部半侧,右手上举弹指,腕上系铃,左腿微蹲。上身半裸,蓝色的帛带随舞蹈动作画出弧形曲线,下系薄纱长裙。二舞者舞态对称,配合默契,在一弹一顿之间,似有节奏明显的音乐伴随。舞女的弹指和现在维吾尔、乌孜别克民族舞中的弹指动作相似,极有可能是当时的龟兹舞。

唐代杜佑在《通典》中记载龟兹人的舞蹈时说"龟兹人弹指为歌舞之节。"舞姿特色是这样的:"或踊或跃,乍动乍息,跷脚弹指,撼头弄目,情发于中,不能自止。"

⑦佛宫中的精灵——飞天

飞天是飞行于佛国的天人,又名乾达婆、紧那罗,是两者的合称,属于天龙八部之一,具有特殊职能。乾达婆为天歌神,歌声美妙,周身还散发香气,又名香音神。紧那罗是天乐神,有微妙音响,能歌善舞,常常与乾达婆同时出现,有的持香炉、有的吹长笛、有的托花盘、有的弹箜篌等,弹琴歌舞、喷香散花,娱乐于佛。

敦煌飞天数目众多,是最早出现于洞窟之中的形象之一,另外还有一些特殊形式的飞天,如童子飞天、裸体飞天、多臂飞天。

第320窟南壁的双飞天,盛唐时绘制,因为原色变褐,俗称"黑飞天"。两对飞天相对翱翔于阿弥陀佛上空,每对一身在前,一身在后,前者回首顾盼,扬手散花,后者张开双臂追逐嬉戏,在互相呼应中,表达出欢乐的心情。双飞天姿态优美、神韵怡人,大有诗人李白笔下"霓裳曳广带,飘浮升天行"之意境。

第321窟建于初唐,窟内的飞天更是独具一格,共有20余身,有如精灵,翩然翱翔于佛宫,自由而洒脱。龛内主尊佛背光右侧,两身飞天从天宫徐徐飞下,身体几乎倒立,蓝天之中,菩提树下,帛带向上飞卷,双双散花向佛。在北壁的西方净土变上部,绘出了身在净土世界中的飞天,最为生动。在蓝天之中,楼阁之间,各种乐器"不鼓自鸣",飞天姿态优美、风采各异,有的穿游于花幡、天乐之间;有的横贯长空,扬手散花;有的遨游太空,自由自在;有的双手抱头,倒体下坠,势若流星;有的捻花踏云,缓缓徐降;有的舒展双臂,浮空滑行。

莫高窟第321窟的双飞天

⑧张骞出使西域图——第323窟

张骞是中国历史上具有传奇色彩的人物。秦末汉初匈奴打败大月氏,占据河西走廊。大月氏大部分向西迁徙。西汉初年匈奴不断对内地进行侵扰,汉高祖刘邦率兵抗击匈奴,却在白登山(今山西大同附近)被围困,屈辱求和方得脱险,此后几十年间汉朝只能通过派公主和亲和多送财物来缓和与匈奴的关系。汉朝经过休养生息和文景之治,国力得到很大提升。汉武帝建元二年(公元前139年),张骞受命出使西域,联络大月氏夹击匈奴,但中途被匈奴所俘,羁留匈奴10年才得以逃脱,继续西行到达大宛、康居和大月氏,但大月氏西迁后生活安逸,不愿远征匈奴,张骞只得返回,归途中又被匈奴扣留,一年后才逃脱,在元朔三年(公元前126年)回到长安，共历经13年。张骞这一次出使，虽然没有完成与大月氏建立联盟的任务，但通过他的所见所闻，使汉朝第一次了解了西域、中亚、西亚及南亚诸国的山川地理和风土人情。汉朝击败匈奴，占领河西走廊之后，元狩四年（公元前119年）汉武帝再次派张骞出使西域，联络西域诸国，加强往来。张骞的两次出使西域，使得中原王朝的影响直达西域和中亚等地，建立起内地与西域之间的经济文化联系，开通了"丝绸之路"，对中西文化交流也具有重要意义，史称"凿空"之功。

莫高窟初唐第323窟主室北壁绘有张骞出使西域图。这是一个佛教徒为了抬高佛教的地位进行附会编造的故事，与史实并不完全相符。故事说，元狩年间（公元前122—公元前115年）霍去病征讨匈奴时，获得了匈奴的两身金人（铜像）。汉武帝认为金人的身份应该是大神，将其安置在甘泉宫供养。为了探明这两身金人的来历和名称，汉武帝派遣张骞出使西域。张骞到达西域之后，终于问清楚，这两身金人就是佛教中的佛像。佛教徒认为这件事是佛教传入中国肇始的证据，而且与中国历史上的明君贤臣汉武帝和张骞有着密切的关系，在儒佛之争和佛道之争时不容儒家和道教的置疑。

第323窟张骞出使西域图的上方左侧，画家画出了汉武帝礼拜金人的画面。一座人字披顶宫殿，殿内立两身佛像，殿堂正门上方有一方竖匾，上书"甘泉官"三字，左右侧树影婆娑，前方汉武帝手执香炉跪拜于地，有六位臣僚双手持笏躬身而立。画面下方一方榜题："汉武帝将其部众讨匈奴并获得二金（人），长丈余，列之于甘泉宫。帝为大神常行拜谒时。"画中的宫殿为甘泉宫，殿内的两身像便是霍去病讨伐匈奴缴获的金人，汉武帝认为是大神，供奉于甘泉宫，依照匈奴的方法执香炉跪拜金人，这与《魏书·释老志》记载相同。

《魏书·释老志》记载："汉武元狩中，遣霍去病讨匈奴，至皋兰，过居延，斩首大获。昆邪王杀休屠王，将其众五万来降。获其金人，帝以为大神，列于甘泉宫。金人率长丈余，不祭祀，但烧香礼拜而已。此则佛道流通之渐也。"

张骞出使西域图的下方中间，是一组人物道别的画面，中间有方榜题，榜题文字是："前汉中宗既获金人，不知名号，乃使博望侯张骞往西域大夏国问名号时。"榜题东侧一位王者骑于高头大马上，马头侧旁一身牵马人，马后一人手持华盖，马的侧面和马的后面又有臣僚四人。榜题西侧一位着大袖袍服的大臣跪拜于地，手持笏板，身后两身侍从各持一旌旗，侍从后是马匹以及一身牵马人。这应该是张骞拜别汉武帝出使西域时的场景，跪拜的大臣是张骞，骑在马上的王者是汉武帝。汉武帝的庙号是世宗，中宗是汉宣帝刘询的庙号，榜题文字将汉武帝的庙号讹误为中宗。

张骞出使西域图的左侧绘崇山峻岭，在山间有两组人物，均为三人骑马行于山中，前面一人一马当先，着大袖袍服，双手合十，后面的侍从着圆领袍服，身背旌节。下方山间的人物身型较大，上方山间的人物身型较小，这两组人物描绘的都是张骞的使团在途中跋涉的场景。随着一路人渐行渐远，人物也逐渐变小，故事情节明显有了空间和时间感，这是画者采用了透视原理中的近大远小作画方法，敦煌壁画中这一绘画透视的运用，开始于这一洞窟。山间跋涉画面的上方，有山有河还有一座大城，城墙上有雉堞，城内有一座大佛塔，城外站立着两身僧人迎接使团。这表现的是上面榜题所提到的张骞到达西域佛国大夏国的情景。

绘制张骞出使西域图的初唐时期，正是道居佛先、佛道之争不息的时代。佛教信众借张骞把佛教传入中国的时间提前200多年，以此与道教的老子化胡说抗衡。当时的佛教徒通过这样一种虚实结合的方法，绘出一部佛教史绘本，用图像记录佛教文化在中国传播的历史。

历史上把张骞通西域的壮举称为"张骞凿空"，张骞所走的这条路后

莫高窟第323窟北壁的张骞出使西域图

来成为"丝绸之路",将东西方世界连接起来,从此东西方文明撞击出绚烂的文明火花。传统意义上的"丝绸之路"始于古代中国的长安或洛阳,通过甘肃河西走廊和今天的新疆地区,越过帕尔米高原,进入中亚、伊朗等地,连接起亚洲和欧洲的广大地区。"张骞凿空"之后,汉时"使者相望于道",唐时"无数铃声遥过碛",伴着一路的驼铃,怀揣梦想的各色行者相望于道,敦煌石窟见证了"丝绸之路"的繁荣。

(3) 中唐敦煌石窟艺术

在敦煌历史上,曾经有一段时间被吐蕃人统治,就是莫高窟的中唐时期(786—848年)。天宝十四年(755年),安史之乱爆发,吐蕃乘虚攻取了河西诸郡,之后围攻敦煌10余年之久,敦煌民众械尽粮绝,便以"毋徙他境"为条件,最终接受了吐蕃统治。因为这个条件,汉民仍聚居原地,未遭遣散分割,加之吐蕃人笃信佛教,佛教在敦煌继续发展兴盛。同时,在吐蕃统治敦煌后期,中原还发生了唐武宗灭佛的"会昌法难",敦煌躲过法难,未受到影响。此时建窟55个。

中唐石窟以殿堂窟为主,也有涅槃窟。彩塑有涅槃像和佛龛内佛、弟子、菩萨、力士等群像。壁画内容上增加了更多的密宗图像,如不空罥索观音、如意轮观音、十一面观音、千手千眼观音、千手千钵文殊等菩萨尊像有所增多。经变内容也较前增加，主要有阿弥陀经变、观无量寿经变、弥勒经变、药师经变、报恩经变、涅槃经变、法华经变、华严经变、金光明经变、楞伽经变、天请问经变、金刚经变等。由于经变增多，窟内壁画分布也与初、盛唐有所不同，壁画的基本形式表现大致为：一个壁面分上、下两部分，上部画2~4幅经变，下部列绘多扇屏风画，内容与上部经变相呼应，为上部经变的详尽图解。

在艺术风格方面，由于一窟之内经变增多而使画幅缩小，失去了盛唐时期通壁经变的整体感和雄浑气势，但却促进画风向结构严谨、工整、纤巧方面转化，由于敷彩多用青、绿、赭、黄及云母粉等冷色，形成肌肤浅染、填色简淡的格调，故而使画幅具有俊爽雅逸、恬淡清新的意趣。

①卧佛窟——第158窟

第158窟又称涅槃洞，俗称睡佛洞，建于中唐，甬道为西夏重绘，剥离之后，底层壁画有供养人题记："大番管内三学法师持钵僧宜。""大番"指吐蕃。此窟的主题是涅槃，采用了塑绘结合的形式，将释迦牟尼涅槃的情节表现出来。

洞窟呈横长方形，盝形顶，画独一无二的"十方净土"中的九方，即：上方净土、东方净土、南方净土、西方净土、北方净土、东北方净土、东南方净土、西南方净土、西北方净土。佛床床基下中间开一小龛，内画"十方净土"中之下方净土。

主室西壁有1.43米高的通长大台，台上塑释迦牟尼佛涅槃像，长15.80米。佛头枕大雁衔珠联珠莲花纹枕头，右手支颐，右胁而卧，双足相叠，面型丰满，神态安详，双目半合，嘴角含笑，身型圆润，左手自然平放于左腿之上，将佛教所说的"常乐我净"的涅槃意境表现得深刻入微。佛着红色袈裟，衣纹柔软，线条流畅。

洞窟的南壁塑一身站立的迦叶佛，北壁为倚坐的弥勒佛，与主尊释迦牟尼的涅槃像形成过去、现在、未来"三世佛"的组合。三尊像神态自然，比例适中，色彩典雅，为敦煌彩塑代表作，尤其是涅槃像，属于首屈一指之佳作。

为了与主尊涅槃的主题相契合，南、西、北三壁的壁画内容，围绕"涅槃"展开。西壁画菩萨、弟子、天龙八部等四类：菩萨呈现沉思向往状，弟子哀伤号哭，天龙八部惊慌失措，人物刻画各尽其妙。南壁是迦叶奔丧，北壁为帝王举哀。涅槃台下方南侧为天王哀悼，鸟王助悲，须跋陀罗"先佛入灭"；北侧画天女致哀，狮鹿供养，末罗族供养。画面从各个角度，不同人物的举哀活动，尽情烘托出释迦牟尼佛涅槃的主题，为敦煌艺术中彩塑与壁画巧妙结合的杰作。

南壁画弟子举哀，佛的大弟子迦叶携五百弟子在外地游化，从外道口中得知佛涅槃后，急忙从耆崛山赶回拘尸那城，上举两手、失声痛哭地扑向释迦，有二位师兄弟将其拦腰抱住。最小弟子阿难盘坐于地，身体微前倾，左手抚于膝上，右手遮于右耳后，屏息聆听，眉头微蹙，双眼圆睁，略露不安。佛经说，佛在拘尸那城双树林时，阿难听到了大地震动，预示着佛将要涅槃，阿难以手遮耳正是聆听大地震动时的状态。

西壁南段画两排举哀者像，上排19身菩萨，下排17身罗汉，菩萨皆安详自如注目于释迦，罗汉则个个作悲恸状；北段画天龙八部和一身维摩诘像，天龙八部中有的头顶为龙，有的头顶为摩竭鱼，有的头顶为鹿头，有的头戴虎头帽，有的头顶金翅鸟。表情各异，有的圆瞪双眼，表情悲伤；有的闭目张嘴，号啕大哭；有的目瞪口呆，悲从中来；有的眼神哀伤，无比落寞。维摩诘头戴巾子，身着白衣，须眉长髯，表情痛苦，双眼流露出无限的悲伤，再无往昔善辩洒脱的模样。

北壁画各国国王举哀和佛母奔丧，国王举哀中有吐蕃赞普、中原皇帝，有棕色皮肤之王者，有高鼻深目若中亚地区之王者等共14身国王，另外还有侍者。他们除号啕痛哭外,更有劓鼻、割耳、穿胸、剖腹者,表示各族王者以其最沉痛的哀悼方式来吊唁释迦。

帝王举哀图

释迦牟尼佛去世,印度迦毗罗卫等八国的国王,前往佛涅槃的拘尸那城双树林举哀。第158窟的帝王举哀,画工将迦毗罗卫等八国国王改画成以吐蕃赞普为首的各国国王,吐蕃赞普及侍从画在最前头,这是吐蕃统治时期敦煌壁画布局特点之一,稍后是华夏皇帝,头戴冕旒,二宫女搀扶左右。其余人均无侍从,服饰各异,大部分都是深目高鼻,应当是西域诸国的首领。这些人采用的哀悼方式十分惨烈,靠近佛脚趾处的四位,一人在以刀割耳,一人执双刀割胸,一人以刀削鼻,一人以剑刺向心腹,画面惨不忍睹。历史记载,在贞观二十三年(649年)时,唐太宗逝世,有"四夷之人入仕于朝及来朝贡者数百人,闻丧皆痛哭,剪发、剺面、割耳,流血洒地"。剺面、割耳原是古代北方欧亚草原各游牧民族中盛行的丧葬习俗,流行于古代中

莫高第158窟的涅槃像

亚地区，是以匈奴为主体的西域及北方诸民族中的一种丧葬习俗，包括氐羌、契胡、突厥、车师、粟特、铁勒等，及至后来的蒙古、女真等民族都有这种民俗。这幅帝王哀悼图，以图像写实，真实记录了这种特殊的哀悼习俗，是十分珍贵的民俗史料。

②吐蕃赞普问疾图——第159窟

第159窟建于吐蕃统治敦煌时期，各国王子礼佛图绘于东壁门南维摩诘帐座一侧。各国王子最前方是吐蕃赞普，绘于画面中心位置，突出吐蕃赞普的身份地位。赞普立于一方台上，神情虔诚，头戴红毡高帽，结发辫于两鬓，项饰瑟瑟珠，身穿翻领左衽袍，腰束银带；右手持香炉，左臂下垂，长袖及地。身后有一侍者持龙头曲柄圆形华盖，身前有三侍者捧供品引路：最前方一人双手捧莲花底座香炉，正面一人右手持花，背身一位回首望向赞普，翻领云肩，长袖下垂，腰带上挂蹀躞七事，并且交叉别两把带柄短刀。

赞普身后还有三位吐蕃侍臣，侍臣后是西域诸族首领13人随行，其中有的赭面黑发，有的束发赤脚，有的头戴毡帽或者毡笠、锦帽。这些实际上是西域诸国王子、使臣，客观地反映了中唐时期敦煌地区民族间的交往。

这幅画面敷色简单，淡施薄染，线条柔和细腻，使人感觉清爽，耳目

莫高窟第159窟吐蕃赞普问疾图

一新，是吐蕃统治时期同类题材中的佳作。

③反弹琵琶——第112窟

反弹琵琶的舞姿在莫高窟共出现了10多幅，有双人舞弹奏，如盛唐第172窟、晚唐第156窟等，也有独舞弹奏的，如中唐第231、112窟等，其中以第112窟最为有名。

第112窟建于中唐，是一个覆斗顶窟。反弹琵琶绘于洞窟南壁的观无量寿经变中。经变下部正中佛前的平台上一组乐队正在演奏，乐队分坐两列，各有3身，一侧击鼓、吹笛、打

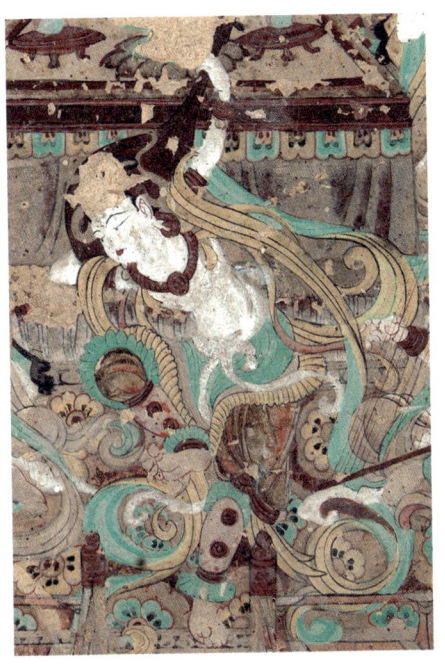

莫高窟第112窟的反弹琵琶图

拍板，另一侧调筝篌、拨阮弦、弹琵琶，个个神情专注。舞伎在乐队中间，跷左脚、屈膝、抬右腿，身体前倾，琵琶置于头后方，背手反弹，边弹边舞。只见舞伎裸上身，披帛带，系长裙，配饰硕大的项圈、圆形耳珰、双重的臂钏和手镯，刻意去营造、衬托乐舞的节奏和美感。

反弹琵琶一方面要求有绝妙的舞姿，另一方面还要求有高超的演奏水平，舞蹈与音乐巧妙衔接，乐舞合一，具有高难度的技巧，特色鲜明，不禁让人拍案叫绝、叹为观止。

4.晚唐、五代、宋——归义军时期的敦煌石窟艺术

晚唐、五代、宋，在敦煌属于归义军时期，由张氏、曹氏家族统治着敦煌。

晚唐（848—907年），莫高窟新建洞窟71个。公元848年，张议潮率军起义推翻了吐蕃的统治，回归唐朝。唐王朝授予张议潮归义军节度使的

职位,统领河西、伊西、北庭等11州。张议潮之后,张淮深、张淮鼎、索勋、张承奉等相继执掌归义军政权,直至唐朝灭亡。这个时期的敦煌艺术,交织着中原影响、吐蕃烙印和敦煌地方色彩等各种因素。

五代(907—960年),莫高窟新建洞窟26个。这个时期,公元914年前后瓜沙曹氏接替西汉金山国张承奉政权,重建归义军。曹议金及其子元德、元深、元忠先后任节度使。曹氏统治时期一度政治稳定,四邻和睦,经济繁荣,节度使官方设立了画院,民间成立了画行,形成院派特色。

北宋(960—1127年),莫高窟新建洞窟15个。归义军曹氏统治敦煌,其中以第四代节度使曹元忠功勋卓著。他们继承先辈的遗政,宗奉中原赵宋王朝为正朔,对外采用联姻手段,东交甘州回鹘可汗,西结于阗李氏,友好相处,共保"丝绸之路"畅通。对内振军兴农,励精图治,保持了多年的相对安定局面。充足的物质条件与相对安定的政治局面是敦煌艺术的有力保障。

归义军时期的石窟基本上是覆斗顶殿堂窟,大部分有中心佛坛,具有规模大,经变画多、供养人像高大等特点,洞窟更为宏伟壮观。洞窟中心砌中心佛坛,坛前有台阶,坛后有直通窟顶的背屏,坛上塑佛、菩萨、弟子、天王、力士等。

晚唐时的壁画中佛教显宗仍居正统地位,但吐蕃时期所崇信的密宗图像仍盛行不衰,反映出显密杂陈的特点,同时出现了歌颂张议潮收复河西的"河西节度使张议潮统军出行图",反映忠孝思想、隐喻不忘唐宗汉祖的报恩经变等内容,具有较浓厚的政治色彩和民族意识。五代时,故事画又开始盛行,与早期故事画不同的是以屏风画的形式表现。这一时期,比较有特色的是出现了新样文殊像,文殊旁边的驯狮奴由昆仑奴变成了于阗国王,以第220窟甬道的新样文殊最为有名;第61窟的五台山图,是一幅皇皇巨著,为莫高窟最大的宗教圣迹图。北宋时期,洞窟形制、壁画内容基本沿袭五代，重修窟檐建筑比较兴盛，莫高窟现存五座唐宋窟檐建筑，北宋时期就有四座，分别是第427、444、431、437窟，并且都有建造题记。曹元忠修建的功德窟第55窟，曹延恭修建的功德窟第454窟，曹延禄营建的天王堂都非常具有特色，其中第55窟的塑像保存比较完整，堪称宋代塑像的代表，在巨大的马蹄形中心佛坛上，塑"弥勒三会"以及弟子、菩萨、天王、力士群像。总体来说，特别是五代、宋时，多数经变画缺乏生动活泼的艺术表现力，固定化、公式化明显。

（1）五台山图——第61窟

第61窟，建于五代的947—951年之间，又名文殊堂。洞窟位于莫高窟底层，为大型中心佛坛窟，佛坛上塑像已毁，但据残留遗迹，坛上原塑应该是五台山新样文殊菩萨及其侍众。在洞窟的西壁绘有五台山图，长13米，高3.6米，是一幅规模宏大的通壁巨制。

五台山又名清凉山，在今天的山西省五台县境内，为文殊菩萨的道场，隋唐以来佛事兴隆。画中详细描绘了东起河北正定，西至山西太原，方圆五百里的山川地形及社会风情。画面左侧为南台、西台，中部为中台之顶，右侧为北台、东台，五台并峙。画面上部绘毗沙门天王、观音、万菩萨、阿罗汉赴会、龙王化现等。画面正中绘出了一座四方建筑，题名是"大圣文殊真身殿"，殿内正中一佛二菩萨像，佛居中结跏趺坐，两侧为文殊骑狮、普贤骑象。画面中绘出了五台山的大建安之寺、大王子之寺、大福圣之寺、大清凉之寺等大小寺院，还有城廓、楼台、亭阁、佛塔、草庐、店房、桥梁等各类建筑170多处，林木扶疏、道路纵横、殿宇耸峙、瑞鸟飞鸣，其间有高僧、官吏、商贩、善男信女等各种人物，有骑马的官吏，有赶驼的商人，有过桥的送贡使，有打坐的高僧，有挑担的农夫，有礼拜佛塔的信徒，也有刈草、饮畜、推磨、舂米等场面，生活气息浓郁。图中保存下来了十分珍贵的古代建筑资料，地理状况与五台山及其周边的现实情况基本一致，

莫高窟第 61 窟五台山图

曾指引梁思成先生找到了被称为国宝的佛光寺大殿,是最大的全景式历史地图,也是壁画中规模最大的山水人物图。整幅画采用散点透视法,构图主次分明,满而不乱。

"五台山图"曾经东传日本,西流河西、吐蕃,影响深远,最早在中唐长庆四年(824年)传入敦煌。

1937 年,一次偶然,梁思成看到了由法国汉学家伯希和在敦煌拍摄的画册《敦煌石窟图录》,画册中有第 61 窟的五台山图,图中的"大佛光之寺"引起了他的注意。循着敦煌壁画五台山图中的线索,梁思成和林徽因很快找到了位于山西五台山中的佛光寺,即敦煌壁画中的"大佛光之寺",而这座寺院的大殿中,有他们苦苦找寻的唐代木构建筑。

(2)于阗国王与皇后供养像——第 98 窟

第 98 窟建于五代,是归义军节度使曹议金的功德窟,敦煌遗书中称为"大王窟",建成于公元924年。洞窟覆斗顶,中心建背屏式佛坛。甬道南壁绘曹议金父子供养像,北壁画张议潮、索勋等人的供养像,画像普遍高大,其中曹议金的供养像高达2.42米,突出了供养人显赫的身份和地位。洞窟主室共绘出经变画10铺,经变画下方有根据《贤愚经》绘制的屏风画。在洞窟的东、南、北壁下方以及中心佛坛背屏下方绘有供养人,有曹氏家族的眷属,也有归义军政权的各级官吏。

在供养人群中,有一身身份比较特殊,那就是绘于主室东壁门南侧第一身画像。这身像是于阗国王李圣天,像前方有墨书题记:"大朝大宝于阗国大圣大明天子即是窟主。"李圣天即于阗国狮子王尉迟沙缚婆,由于前代尉迟氏曾有功于唐室,赐以李姓,子孙相袭,到五代后梁时建年号"同庆",10世纪时与沙州曹氏归义军政权关系密切,与曹氏联姻,曹议金嫁女为于阗皇后,后来曹议金之孙曹延禄娶于阗公主为妻,于阗太子常住敦煌,建有太子庄。

于阗国王像,高2.82米,头顶有华盖,华盖为二童子飞天所承托,华盖下方,有一身火龙喷火。国王头戴冕旒,上有北斗七星、走龙,并缀满绿玉宝石,冕板下用金玉做成的华丽盘龙宝冠支撑。头冠后结两红带。身穿衮服,上有日、月、星辰、群山、龙、华虫、宗彝、藻、火、粉米、黼、黻等十二章,内罩中单。衣上左右肩上分别绘日、月,日、月之下左胸为"亚"形黻,右胸为斧(黼),左袖绘龙,右袖绘虎,腰围蔽膝。双脚穿高头履。衣左侧佩挂玉雕拳形柄长剑。国王左手持装饰绿玉的香炉,右手拿灵草。左、右手小指各戴绿玉石戒指一枚,耳饰绿玉珰,不愧是盛产美玉之国的国王。

在国王脚下,有一身从地下涌出的半身女神承托国王的双足。据于阗国传说,于阗国王是北方天王毗沙门后裔,始祖从天王额上生出,故崇敬北方天王。毗沙门天王脚下常有地神护持,于阗国王是毗沙门的后代,也就是他的化身,所以在画像上也享有地神护持的殊荣。

莫高窟第98窟于阗国王与于阗皇后像

这身像为后期补绘，李圣天在后晋天福三年（938年）被册封为于阗国王，当时后晋派遣张匡邺、高居诲去于阗册封，这幅画像应画于938年之后，以示祝贺。

在于阗国王身后，有一位雍容华贵的女子，她便是李圣天的皇后曹氏。画像前有绿色榜题，上书"大朝大于阗国大政大明天册全封至孝皇帝天皇后曹氏一心供养"。皇后头戴饰满绿玉的莲花凤冠，冠侧插如意花钗和绿玉步摇，两鬓抱面，发上饰四瓣花绿玉宝石，项饰数重绿玉项链，身着宽袖袍服，披帔，颜色已变成黑褐色。皇后是曹议金的女儿，大约在后唐初年远嫁于阗，后晋天福三年受后晋册封。于阗皇后供养像常绘于五代、宋初的大窟之中，其中以第98窟最为著名。

（3）树下弹筝图——第85窟

第85窟建于晚唐，是翟法荣的功德窟，法荣供养像绘于甬道北壁，他曾任职都僧统，是河西佛教界的最高僧官。该窟是覆斗顶窟，有背屏式中心佛坛，坛上塑有释迦佛、迦叶、阿难像。主室内绘经变画13铺，在南壁绘有一铺报恩经变，经变中绘出了一幅非常有名的树下弹筝图。

树下弹筝出自报恩经变中的善事太子入海品故事。故事说宝铠国国王生有二子，一子名叫"善事"，另一子名唤"恶事"。善事太子仁慈、乐善好施,又多才多艺,而恶事太子则嫉妒贤能、以恶为乐。善事出游,看见乞丐、屠夫,以及虫鸟相食,便忧愁不乐,建议父王打开王宫库藏,用来布施穷困。但布施日久,国库将空,为了得到更多的财物布

莫高窟第 85 窟的树下弹筝图

施,善事太子决定入海到龙宫求取摩尼宝珠。恶事与善事同行,善事取得宝珠后,恶事心生恶念,在善事熟睡之时,刺瞎他的双目,夺取宝珠逃回国内。善事得到牛王及牧人相救,伤愈后,流落利师跋国为王宫守果园,常常在园中抚筝拨弦抒发情怀,清雅的乐声吸引了利师跋国公主,公主对太子一见倾心,两人结为夫妻。善事后来双目复明,还归故国。

第 85 窟的树下弹筝图正是太子在园中抚筝,公主在一旁倾听的情节。地面绿草如茵,树影婆娑、枝叶葱郁,善事端坐树下,膝前置筝,一手抚琴,一手拨弦,公主面对而坐,聆听入神,对善事萌发爱情,情景交融,意境幽美。整个画面以绿色为主调,间以白裙黑裳,亮色透光形成宁静、幽深、无声胜有声的意境。

(4)藏经洞——第 17 窟

藏经洞即今天的第 17 窟,位于第 16 窟甬道北壁,开凿于晚唐,本来是河西都僧统洪辩的影窟,后来用于藏经。影窟也即影堂,是用来纪念高僧的洞窟,窟内塑有高僧真容像,一般位于洞窟前室或者甬道一侧,规模不大。

第 16 窟是洪辩的功德窟，弟子们为了纪念他，在洞窟的甬道北壁开凿了影窟，窟内建有仿禅床的长方形低坛，坛上泥塑洪辩真容像，背部装有洪辩骨灰袋。洪辩穿田相袈裟，宴坐坛上。像后北壁绘有菩提双树，树干苍劲，有藤草缠绕，树叶以深、浅色表现明暗，树上挂背包、水壶，树旁有飞鸟，远处有流云。塑像右侧树下绘一身近事女，梳双髻，穿圆领衣，左手臂上挂布巾，右手持弯杖；左侧树下绘一身比丘尼，双手持对凤团扇。绘塑结合重现了洪辩生前的生活、坐禅场景。洞窟西壁还嵌有大中五年（851 年）的洪辩告身碑一通。

约在公元 11 世纪初叶，洪辩像被移出影窟，存放在了附近的第 362 窟，而影窟内秘藏了大量的经卷、法器、绢画以及社会文书等 5 万余件，之后砌墙封闭窟门，直到公元 1900 年 6 月 22 日（清光绪二十六年五月二十六日），王圆箓道士在清理泥沙时发现了它，洞窟才得以重见天日。

5. 回鹘、西夏、元代敦煌石窟艺术

回鹘、西夏都曾经是存在于西北地区的少数民族政权。回鹘政权统治敦煌的时间比较短暂，可能是曹氏归义军晚期至西夏占领敦煌早期的一个过渡政权。西夏自北宋景祐三年（1036 年）李元昊攻占瓜、沙二州，灭曹氏政权，至 1227 年元灭西夏，统治敦煌达 190 多年的时间。回鹘政权、西夏王朝上至皇帝，下至百姓都笃信佛教，因而在较为短暂的时间内，创造出了灿烂的佛教石窟艺术。这一时期的石窟艺术异于前期，有着自己独特的内涵，是敦煌石窟的重要组成部分。元朝统治敦煌 100 多年，在敦煌石窟也留下了浓重的一笔，特别是在藏传密教方面，成就卓越。

回鹘时期新出现了十六罗汉图、行脚僧图、回鹘族男女供养人画像等题材。其后期的艺术风格具有简率粗放、构图疏朗、色调明快、装饰趣味浓郁、人物造型圆润丰满的民族特色，在用色上，多以铁朱为底、配以少

量石绿、石青和纯白色,色调温和,少晕饰,具有典雅富丽、重视装饰效果的特点,受到了吐鲁番地区伯孜克里克高昌回鹘艺术的影响。

西夏早期经变画比宋代更趋简单化、程式化,装饰性加强,菩萨与人等身,整齐排列,但千相一面,缺乏生气和个性。后期西夏王国受吐蕃密教影响,藏密内容增多,形成显、密并存局面,画风既有游牧民族剽悍、雄放气概,又有中原唐宋传统的细密、绮丽、抒情的情韵。代表窟为第465窟。

元代在莫高窟的代表洞窟有第3、95、464窟等,窟型有中心柱窟和覆斗顶形窟。这时的疆域大于汉唐时期,曾一度中断的"丝绸之路"复通,西藏也正式归于中央政权,西宁王速来蛮和其妃屈术等,在敦煌修建皇庆寺,弘扬佛教。佛教艺术在继承前代的基础上,又吸收了许多新的外来技艺,一展新貌,具有明显的时代特点。

(1)藏密供养菩萨——第465窟

第465窟位于莫高窟北区,又称秘密寺,关于建窟时间有唐、西夏、元代等不同观点。洞窟主室覆斗顶,有中心圆坛,坛上原有密教塑像,现已毁坏。窟内壁画是密宗中的藏密内容,窟顶绘五方佛,坐生灵座,眷属环绕,四壁绘藏密曼荼罗及尊像画,在敦煌石窟中独一无二,绘画艺术性极高。

绘于窟内南披的一身供养菩萨,头戴五叶冠,几绺卷发披于肩,裸上身,戴耳环、项圈、臂钏、

莫高窟第465窟南披持花供养菩萨

脚钏，着短裙，手掌、脚掌染成红色，面部额宽而突，眉棱高，眉毛弯曲且长，长目下垂，鼻高而直，下颏突出。菩萨盘腿而坐，手持莲花，目不斜视，舟形的身光和头光边缘以及菩萨的腰带贴金，显得高雅而端庄，是供养菩萨画像中的代表作。

（2）千手千眼观音经变——第3窟

第3窟，建于元代。小型覆斗顶殿堂窟，藻井中心浮塑四龙，正壁开龛，龛内清塑摩利支天像。在龛内北侧观音像下方有"史小玉笔"墨书画工题名。

南、北两壁各绘千手千眼观音经变一铺，内容上略有不同。

南壁正中画千手千眼观音立于莲花上，身后为月轮，千手全部绘在月轮之中，手心各绘一只眼睛。观音菩萨有十一面，最下层为三面，一正面二侧面；第二层为七面，一正面，二半侧面，四侧面；第三层一面，为佛面。除了佛面以外，其余各面额上均有一只眼睛。千手之中，有42只大手，当胸有两手合十，腹前有两手，其中左手托钵，钵内须弥山，右手置于钵上方。手心各绘一只眼睛。菩萨头顶有一身化佛。左右上方各有一身手托莲花，跪于云端的飞天；左右两侧站帝释天与梵天女，双手合十；左右下方为天女和婆罗门，结跏趺坐于莲花上，双手合十礼拜。

北壁的立姿十一面千手千眼观音，与南壁的各面布局不同，第一、二层为五面，第三层为佛面。菩萨有42大手，最上面的化佛手，举化佛安于头顶；中间两手当胸双手合十；腹前两手捧须弥山；下方左右两手，左手持净瓶，右手持杨柳枝。菩萨的左右上方各绘一身乘云飞天，一手托莲花，另一手持莲枝扛于肩上；左右两侧一身为富贵长者形的婆薮仙，另一身雍容华贵形的吉祥天；左、右下方各一身金刚；足下莲花两侧有象头人身和猪头人身的毗那夜迦。

第3窟的壁画地仗的制作与其他洞窟不一样，以沙、土、石灰混合的三合土一次完成，色彩可以渗入壁画，黏结牢固，没有画后剥落之病，效果类似意大利的湿壁画,是敦煌元代壁画制作的新成就。

第3窟的绘画技巧高超,线描多样、纯熟,不同质地的物体以不同的线描来表现。面部、肢体以圆润娟秀的"铁线"勾勒;衣纹褶襞之厚重轻薄,用"折芦描"表现;金刚力士隆起之肌肉,用顿挫分明的"丁头鼠尾描";怒发、胡须用飘逸的"游丝描"仔细描绘。

6. 莫高窟北区

莫高窟分为北区与南区,北区长约700米,崖面上分布的洞窟从4层到5层不等,共有253个,建造于北周、隋、唐、五代、宋、西夏、元代等不同时代。第461至465窟与南区洞窟一样,内有塑像、壁画,是供僧俗众人做佛事活动的礼佛窟。而大部分洞窟内无塑像、壁画,其中数量最多的是供僧人居住的僧房窟,也有供僧人习禅用的禅窟,瘗埋死者的瘗窟,用于贮藏粮食、物品的仓廪窟等。北区主要是供僧众生活、居住、习禅、死后瘗埋的区域。

二、榆林窟

榆林窟,又名榆林寺、万佛峡,坐落在甘肃省瓜州市西南70公里的南山山谷中,谷中榆树成林,故而得名。石窟列于两岸,窟前山谷中有湍急的踏实河水流过。石窟的最初开凿年代不详,现存洞窟最早建于唐代,经五代、宋、回鹘、西夏续建,终于元。现存洞窟共42个,分布于东、西崖上,东崖分上、下层,有30个;西崖有12个。窟形、彩塑、壁画的题材和特点,都和莫高窟十分相似,属于敦煌佛教艺术范畴。洞窟形制主要有中心塔柱窟、中心佛坛窟、大像窟。西崖以及东崖的上层洞窟大多数窟前有较长的甬道,有横连相邻各窟的穿道,这是榆林窟的一大特点。彩塑破坏较为严重,多为一铺3~9身,还有一尊

榆林窟外景

高 24.35 米的倚坐弥勒佛像，一身长 13 米的卧佛像。

1. 弥勒经变——榆林窟第 25 窟

榆林窟第 25 窟是吐蕃时期营建的洞窟，后经五代、宋、清重修。洞窟位于榆林窟东崖，坐东朝西，前室保存完好，绘有曹元忠及夫人等人的供养像。主室覆斗形顶，有中心佛坛。中心佛坛上现存一身清代重修坐佛。东壁画卢舍那佛、八大菩萨像及药师佛；南壁绘观无量寿经变；北壁绘弥勒经变；西壁绘文殊与普贤。北壁的弥勒经变，是敦煌石窟中弥勒经变的代表作，在绘画技艺上堪称壁画中的佳作。

弥勒经变在敦煌始见于隋代洞窟，现存有 95 铺之多。弥勒佛，即未来佛，弥勒是姓，译意为慈氏，名为阿逸多，译意无能胜。生于南天竺波罗奈国劫波利村波婆利大婆罗门家，与释迦牟尼佛是同时代人，后来随释迦出家，成为佛弟子。他在释迦入灭之前先行入灭，入灭后自然出生于兜率天宫大莲花座上，为一生补处菩萨，在兜率陀天日夜说法，广度天子。

在未来，当大千世界五十六亿万年时，弥勒便从兜率天宫下生人间，继承释迦佛之位，来世间作佛。当此之时，人间人寿八万四千岁，有智慧，有威德，有颜值，有力气，生活安隐快乐，只有三种不便，一是大小便，二是饮食，三是衰老，女人到 500 岁时才出嫁。弥勒下生，出生地是在翅头末城，城中有转轮王名儴佉，王有四兵、七宝，并有四大宝藏，宝藏由龙王守护。城中全是福德之人；龙王常在夜半时降下细雨，掩盖尘土、润泽土地；人们不再使用灯烛，街头巷陌，有明珠柱，光明照耀，昼夜没有差别；有罗刹鬼叶华，入夜清扫城市；如果有大小便，大地自然裂开，之后又合上；人将死之时，自行前往坟墓；没有盗贼，没有烦恼，没有水火、刀兵之灾，没有饥饿、毒害之难，人们言语谦逊、恭敬和顺、路不拾遗；常有好香；流水潺潺、清纯甘甜，可以除患；雨泽随时，谷物茂盛，不生杂草，树上生衣，地内自然生出粳米，一种七获，用功甚少，所收甚多，饮食香美，气力充实。

翅头末城中有一个大婆罗门主，名叫修梵摩，有一位婆罗门女，名叫梵摩拔提。弥勒便托生在婆罗门家，以他们为父母。弥勒在出生时也有三十二相，他的降生与释迦牟尼降生时一样，有乘象入胎，右胁而生，步步生莲，九龙灌顶等。

城中的转轮王儴佉王向弥勒献上七宝台，弥勒将它施舍与婆罗门。婆罗门得到宝台，须臾之间拆除。弥勒见此，顿悟人生无常，决定出家。出家之后在龙华菩提树下修成正觉，并在此举行三次说法会，化度无量无边的众生，初会度96亿人，二会度94亿人，三会度92亿人。

榆林窟第25窟的弥勒经变以弥勒下生成佛的三会为中心，其余情节绘于周围，描绘了未来弥勒世界的各种美好，也反映出了当时社会的具体情况。三会绘于全图中央，初会居中，二、三会居于两侧，如"品"字形布局。弥勒初会前绘七宝、拆幢、剃度等图，其他情节穿插于二会与三会的外围，有龙王布雨、罗刹扫城、弥勒入城、树上生衣、诵经升天、嫁娶、迦叶禅窟、一种七收、老人入墓、路不拾遗、迦叶献袈裟等情节。这幅经变画线描精致，圆润如春蚕吐丝，焦墨痕中略施微染，承袭了盛唐画风，用笔精到。婚礼图中的新郎及宾客穿着吐蕃装，透露出壁画为中唐所绘。

（1）迦叶禅窟图

据佛经说，释迦佛临终时，将袈裟交给弟子迦叶，嘱咐他，将来有未来佛下生人间时，将袈裟交付与他。迦叶为了等待未来佛的下生，便在耆阇崛山迦叶禅窟中坐禅修行。未来佛弥勒成佛后，率数千弟子、信徒前往禅窟见大迦叶，至山顶，弥勒用两手擘山，如同转轮王打开大城门，梵王持天香油为迦叶灌顶，之后击大楗椎，吹大法蠡。迦叶便从灭定中觉醒，然后齐整衣服，偏袒右肩，右膝着地，长跪合掌，持释迦牟尼佛的法衣袈裟，捧与弥勒。

第 25 窟迦叶禅窟图绘于弥勒经变的左上方，画中，迦叶于山中禅窟内趺坐，禅窟前一条小河，河上一座小桥。河边迦叶跪于方毯上，双手向弥勒佛捧上袈裟。弥勒佛立于迦叶前，身穿红色圆领袈裟，脚踩莲花，右手前伸，头上华盖，身后有持幢、幡的菩萨以及戴幞头的俗人信徒。

（2）老人入墓

在未来弥勒世界时，人寿八万四千岁，而当终老之时，则是自己前往坟茔处。《佛说弥勒下生成佛经》是这样描述的："人命将终，自然行诣冢间而死。"另一部经《佛说弥勒大成佛经》同样也说："时世人民若年衰老，自然行诣山林树下，安乐淡泊，念佛取尽，命终多生大梵天上及诸佛前。"老人入墓是弥勒经变中的常见情节，有的画面中绘儿孙搀扶一位拄杖的佝偻老人向墓茔走去，其后有仆童数人捧衣物随行。

第 25 窟的老人入墓绘于经变画的左下侧。画中一座坟茔，有坟院，院中为开有圆券门的圆形墓，墓内设床，内有山水屏风，墓侧植有苍松、花木。一位头戴网面幞头、须发皆白的老人坐于墓室内床榻上，右手拄杖，左手牵着一位家眷的手，依依不舍。一位孩童匍匐在地向老人叩别，墓外的家眷、仆童或捧物侍立两侧，或以

榆林窟第 25 窟老人入墓图

巾拭泪。依据经文原意，应该属于淡于人生，寻求临终前宁静、安乐、无所哀恸的佛家境界，但画中所反映的却是当时的现实生活中儒家孝养送终、生离死别的场面。

（3）路不拾遗

第25窟的路不拾遗绘于弥勒经变的左下侧，老人入墓图的下方。画中一方形宝藏，旁边有散落在外的钱币、宝珠等物。宝藏前有两男子，一人着红衣、戴幞头，另一人着黑衣、戴幞头，两人均手拢于袖内，回望宝藏。在敦煌壁画中，这一情节有不同的表现画面，有的描画人们在宝珠面前目不斜视，昂首而过；有的描绘人们路见宝箱如视敝履，不屑一顾；有的表现人们途见珠玉时，神情鄙夷，拂袖而去。这主要表现在弥勒世界中人们不贪财、不妄取的高尚品德。在鸠摩罗什译的《佛说弥勒下生成佛经》中是这样描述的："是时众宝无守护者，众人见之，心不贪著，弃之于地，犹如瓦石、草木、土块。"

（4）叶华扫城图

第25窟的叶华扫城图绘于经变画的右上角。翅头末城内，宫殿排列，楼阁耸峙，高楼之中，一位贵妇眠卧，城外一侧画一位罗刹，头发上竖，只穿短裤，手持扫帚扫除秽物。城门上空有龙王降雨消尘，城门正前方，罗刹鬼叶华，双手合十，跪拜迎接弥勒佛一行，芨芨草做的长把扫帚置于一旁。

西晋竺法护译《佛说弥勒下生经》中关于这一画面的经文是："尔时，城中有龙王名曰水光，夜雨香泽，昼则清和。是时，翅头城中有罗刹鬼名曰叶华，所行顺法，不违正教，每向人民寝寐之后，除去秽恶诸不净者，常以香汁而洒其地，极为香净。"

（5）一种七收图

一种七收，也称作耕获图，意为耕种一次，可以收获七次，是弥勒经变中的情节。鸠摩罗什译《佛说弥勒下生成佛经》经云："雨泽随时，谷稼滋茂，不生草秽，一种七收，用功甚少，所收甚多。"第25窟的一种七收，绘于经变画左侧，是农作图，画出了耕地、播种、收割、运载、

榆林窟第25窟北壁弥勒经变之农作图

扬场等情节，具体反映了当时农业生产过程和农民的劳动生活场景，更为重要的是还绘出了当时使用的生产工具——直辕犁、镰刀、六股叉、芨芨草长把扫帚、方斗等，是古代常见的农用工具。这些农具在现代农村，有的仍在使用，并未退出历史舞台，画面使人倍感亲切。

（6）树上生衣图

未来弥勒世界，不用织布裁衣，树上会自然长出衣服。西晋竺法护译《佛说弥勒下生经》经文为："时阎浮地内，自然树上生衣，极细柔软，人取着之。"第25窟树上生衣绘于经变画的右侧，画中两位戴软脚幞头的男子正在穿衣，旁边树影婆娑。

（7）婚礼图

未来弥勒世界，女子在五百岁时才出嫁。鸠摩罗什译的《佛说弥勒下生成佛经》上说："女人年五百岁，尔乃行嫁。"

榆林窟第25窟的婚礼图绘于经变画的右下角。图中的帐幕内，餐桌陈列，宴请宾客。帐前新郎伏地，新娘与傧相立在一旁，向客人行礼，符合当时男拜女揖的时俗。画中的新郎头扎巾，着吐蕃装，新娘戴花冠。餐

榆林窟第 25 窟的婚礼图

桌主席只坐 3 人，一位男子戴幞头，穿圆领红色袍服，腰系带，左手托杯盏，斜眼审视跪拜的新郎，这位可能是新娘的父亲。男子旁边一位头上缠头帽，辫发披于肩后，身穿大翻领长袍，可能是吐蕃新郎的父亲。餐桌对面，有一位仅露出半边的汉族女子，鬟髻高梳，披帛罗衣，应是汉族新娘的母亲。吐蕃新郎旁边站立一位穿吐蕃服装的伴郎，头上缠巾。这幅婚宴图反映出吐蕃统治敦煌时期，吐蕃与汉族联姻的情况，是现实生活中婚礼场面的再现。

2. 文殊、普贤变——榆林窟第 3 窟

榆林窟第 3 窟，坐东朝西，浅穹隆顶，西夏开凿，元、清重修。窟内中央砌八角形多层密教坛城，坛上现存塑像为清代重塑，东壁前设有佛坛，坛上塑像，窟内共有佛、弟子、菩萨、罗汉等塑像 40 身。

壁画制作类似北宋李诫《营造法式》所载沙泥壁画的制作方法。内容显密结合，以密教为主。

窟顶画密教坛城图，坛城中绘出了五方佛。东壁中间绘佛传，两侧各绘千手千眼观音一铺，南侧为五十一面千手观音变，北侧的北侧为十一面千手观音变。中间的佛传由两部分组成，上方画佛涅槃图，下方八塔变。

佛右胁而卧，身后弟子举哀，佛足端的摩耶夫人为一中国老妪，两端有过去七佛和弥勒菩萨。下方画九座塔，中间绘释迦降魔大塔，左右两侧画八大灵塔，表现释迦牟尼从降生到涅槃不同时期的重大事件。南侧的五十一面千手观音变绘出了各种生产活动的场景，有舂米、打铁、酿酒、耕作、挑担等，还有其他百工、百艺形象，是考察西夏社会的珍贵资料。

南壁中间绘观无量寿经变，两侧各绘一铺曼荼罗；北壁中间绘净土变，两侧各绘一铺曼荼罗；西壁门上绘维摩诘经变，门南绘普贤变，门北绘文殊变；甬道两侧画男女供养人像，上层为西夏供养人，下层为元代供养人。

（1）普贤变

普贤变与文殊变相对绘于窟门两侧，结构、画风也相同。普贤菩萨乘坐六牙白象，屈左脚，舒右腿，身体微微左倾半跏坐于青莲宝座之上，戴宝冠、披锦帛、饰璎珞，随风飘扬，左手执梵夹，右手牵带，俯视下界，神态悲悯，身后的圆形身光、头光被云雾笼罩，自有一种踏月而来的浩渺感。随从侍众有菩萨、天王、罗汉、天人、圣老人（文殊化现的老人）、胡僧佛陀波利、善财童子等，环绕普贤菩萨，乘云浮游于大海之上。远方天际有仙山，群山耸峙，主峰巍峨，山中有流瀑怪石、奇草异木、琼楼玉宇。水边有一方突出的崖岸，岸上唐僧与猴行者牵驮经白马向普贤菩萨合十致礼。

榆林窟第3窟的普贤变

(2)文殊变

画中文殊菩萨屈右脚，舒左脚游戏坐于狮子莲座上，头戴宝冠，帛带严身，脸相庄严，手执如意，形象丰腴、俊雅、坚毅、沉静，象征智慧威猛的青狮足踏红莲，步伐劲健，脸上有络腮胡的于阗国王左手执鞭，右手牵狮。周围是众菩萨、罗汉、天王、诸天乘云巡行，有高冠巍峨、捧持财宝、身穿帝服的龙王，有托钵、执锡杖、脚穿麻鞋的罗汉形佛陀波利，有梳髻、长髯、执梵夹、持杖的圣老人，有手持笏板的众仙人等，在云霄之上汇成渡海的行列。前方月轮中还有善财童子，只见他脑门留发，裸体，项戴项圈，绿色长巾绕于双肘、向前飘浮于水面，脚下踩莲，面向文殊双手捧上大莲花。下方海水，波涛汹涌，水中有大鱼出没、宝阁涌出。

天际峰峦环抱，山势雄奇，楼阁参差，寒汀远水，意趣幽深，用笔多长斧劈皴，山头有点苔，水墨晕染淋漓挥洒，树及山石，行笔硬朗挺拔，是壁画中难得的水墨山水画佳作。

文殊变和普贤变是唐代以来流行不衰的壁画题材，各时期均有不同的特点和造诣，而榆林窟第3窟西壁的文殊变、普贤变达到了艺术巅峰。无论在人物造型、山水云气、庙堂建筑、线描敷色、结构布局、意态神韵等方面，都迥异于前代同题材作品，在敦煌艺术中独树一帜，为不可多得的佳作。其中的山水景物，体现了两宋山水画的高度成就，尤其大山大水的磅礴气势和界画的精美，几乎可追当时著名画家的项背。

(3)唐僧取经图

榆林窟第3窟的玄奘取经图，绘在西壁门南壁普贤变的左下角，为西夏时期的作品。

在危崖高耸、巨石嶙峋、波涛汹涌的海边，普贤菩萨乘坐大白象，与一众侍从踏波徐徐而来。一处突出的崖岸平台上，一位僧人临崖而立，头后有圆形的头光，斜披袈裟，脚穿麻鞋，双手合十对着水面，双目下视，在虔诚礼拜。他身后有一匹白马,背上一朵大莲花,莲花上一个大包裹,包裹中装有取回的佛经,熠熠放光。白马旁边有一个猴脸人物,高昂着头,咧嘴龇牙,头上毛发直立,略显桀骜不驯,身穿圆领及膝服,脚穿麻鞋,绑腿,也双手合十礼拜。这一组人物,就是唐僧师徒,最前面的是唐僧,后面是白龙马和孙悟空。

榆林窟第3窟的唐僧取经图

唐僧取经的故事家喻户晓,这得益于《西游记》的撰写,其实在《西游记》写成之前,民间的唐僧取经故事已广为流传,早于《西游记》的《大唐三藏取经诗话》《玄奘取经记》中也有描写,明代吴承恩将这些故事综合整理成了小说,由民间传说走向了大雅文学的形式。敦煌壁画用形象的绘画保留了当时的民间传说,内容上应该与民间传说保持了一致。

唐僧取经故事,故事中的原型人物是唐玄奘。

玄奘,俗名陈祎,唐太宗贞观三年(629年)从长安出发,历经千难万险到达印度,在印度各地游学,于贞观十九年(645年)回到长安,此后,在大慈恩寺等寺院进行译经,直到664年圆寂。他撰写了《大唐西域记》一书,书中详细记载了印度、中亚等地的历史、地理、风土、人情,具有很重要的史料价值。

《西游记》中,唐僧共有3位徒弟,孙悟空、猪八戒、沙僧,外加一匹白龙马,但敦煌壁画中一般只绘出孙悟空与白龙马。孙悟空的原型,取材于唐僧在瓜州收的一位胡人,名叫石磐陀。

唐贞观三年(629年),26岁的玄奘为寻求佛法真理,决定西行取经。由于当时唐朝基业初创,疆域未定,朝廷严禁百姓私自西出。玄奘冒险随来京学《涅槃经》的秦州僧人到达秦州,住一宿后,又与人做伴到达兰州,遇到送官马的人要返回凉州,便随行到达凉州。在凉州停留一月有余,应当地僧俗邀请,讲解《涅槃经》《摄论经》《般若经》。因为当时的凉州为河西都会,商旅往来频繁,西域各国人士络绎不绝,当西域人听讲之后,回国向他们的君主夸赞玄奘法师的德行,并说不久法师会西去印度求法,因此西域诸国对于玄奘法师早有耳闻,欢心等待法师。当时的凉州都督李大亮逼迫玄奘返回长安,但凉州的慧威法师对于玄奘西行求法颇为赞赏,就派两个弟子慧琳与道整秘密护送玄奘西行。三人昼伏夜出,风餐露宿,到了瓜州。

瓜州刺史独孤达对于法师的到来,非常欢喜,玄奘受到了热情款待。玄奘在瓜州逗留一月有余,其间为西行做准备。但还未出发,凉州的文书已下至瓜州,书上说:"有僧字玄奘,欲入西蕃,所在州县宜严候捉。"负责此事的州吏李昌也信仰佛教,当他得知法师就是凉州府要追捕的僧人时,不但没有抓捕,反而为他冒死西行取经的精神所感动,当面撕毁文书并建议他及早动身。

道路多艰,法师忧愁,希望能有一人引渡过关,打算去寺中的弥勒佛前祈愿。清晨,法师进入道场礼佛,这时有一位名叫石磐陀的胡人也进来礼佛,并请受戒,法师为他受五戒。石磐陀非常高兴,辞别后,不一会又拿斋饼、水果而来,法师看他体格健壮、明事理又恭敬,便说明西行之意,石磐陀当即承诺送法师过五烽。

第二天夜幕降临的时候,石磐陀和一位胡人老翁、一匹红色老马相约而至。原来这位老胡人深谙西路,曾出入伊吾(今哈密)30多个来回,而那匹老马也随他往返有15次之多,老马识途,当为不二之选。法师便与石磐陀辞别老胡人,当夜到达玉门关上游的葫芦河。石磐陀斩木为桥,布草填沙,两人驱马而过。但在过五烽之前,石磐陀却苦于西路险恶,沙河阻远,又惧怕被官方擒拿,性命不保,辞别了法师,并未与法师一起继续前行。

在甘肃瓜州发现的西夏壁画,多次出现唐僧和猴面徒弟的形象,比小说《西游记》早300多年。明代《西游记》中对这两个人物形象的描绘,基本上与西夏壁画中的形象相同。

3. 水月观音——榆林窟第2窟

在观音画像中出现了水、山石、月亮,最大的特色是有水有月,因而称之为水月观音。画中明月清风,浮云缓移,翠竹掩映,微波荡漾,观音身罩于透明圆白光中抚膝扬首,舒展悠然,表现出一种空灵静谧、超然世外的意境。这类观音造像不是传承旧有观音模式,而是艺术家的再创造。

唐代著名画家周昉新创作了水月观音像。张彦远在他的画史名作《历代名画记》中这样写道:"(西京)胜光寺……

榆林窟第2窟西壁门南水月观音像

塔东南院周昉画水月观自在菩萨掩障。菩萨圆光及竹,并是刘整成色。""(周昉)妙创水月之体。"水月观音一经创作,颇受文人画家的喜爱,也广受画师、造像工匠的青睐,在敦煌绢画、四川、重庆等地石窟中都能见到它的身影,并且还远播日本、朝鲜等地。

榆林窟第2窟,覆斗形顶,是西夏时期的石窟,水月观音绘于西壁,窟门两侧各绘一铺,下方绘西夏供养人像。画面中碧波之旁,异石突起,圆轮之中,一身观音菩萨,以珠宝为饰,璎珞垂胸,身体涂金,方额丰颐,雍容华贵,左手撑地,右手舒展搭于右膝之上,手拿串珠,游戏坐于磐石之上,背有竹石;左侧放置一方几,几上置书;右侧有净瓶、柳枝等供器陈于石桌上;面前流水潺潺,莲花盛开。天上浮云飞渡,瑞鸟翱翔。对岸一吉祥天女,亭亭玉立,似在参见观音菩萨。

窟门南侧的水月观音,虽题材相同,但风格、意境各异,艺术造诣比北侧略胜一筹,据说当年张大千先生临摹此画时,曾流连忘返。画面中浮云轻托新月,大地空蒙,幽谷深溪旁,一身观音菩萨,眉清目秀,头戴宝冠,肩披绿色帛巾,右手持串珠,左手舒展置于右膝上,自在又娴静,游戏坐于一磐石之上,磐石下方嶙峋多棱、上方平如明镜;观音身后假山突兀,竹影若隐若现;左侧石桌上放一片偌大的芭蕉叶,杨柳净瓶放置其上;水上漂浮着盛开的莲花、莲叶。观音抬头望向天际的弯月,缕缕青丝微微随风飘拂,悠闲而惬意,似在欣赏难得的美景。善财童子正驾彩云前来参拜。画面一角,唐僧师徒在一方岩岸上遥望礼拜,整个画面静中有动,恬淡而生机盎然。这宁静的花月之夜,可拂去尘世的烦恼,观者莫不见而忘俗。

佛教自公元1世纪传入中国以后,在长期的发展过程中逐渐融入中国文化,水月观音像的出现就是佛教中国化的一个重要例证。

4.毗沙门天王——榆林窟第 15 窟

毗沙门天王，是佛教四天王之一，镇守北方，由于常护持佛陀说法，闻法甚多，又名多闻天，由于他乐善好施，又被称为财宝天王。在敦煌石窟中，或绘于窟门两侧，或塑于前室，或描绘于窟顶西北角，或塑像于龛内外北侧，在各类经变中也是常见的护法形象。古代敦煌人认为毗沙门天王是护卫敦煌、福佑地方的重要神将。五代后晋时，当时的归义军节度使曹元忠请雕版匠人木刻了"大圣毗沙门天王像"，拓印的毗沙门天王像在敦煌广为流传。

毗沙门天王，常见的形象是头戴宝冠，身着甲胄，左手托塔，右手执剑，或执戟，或持棒，在壁画与塑像中表现形式多样。唐代前期，头绾椎髻，戴三珠冠，身着甲胄、战裙、乌靴。

在唐代后期出现一种身着长甲胄、头带翼冠、手执长戟、腰横短剑、踞坐于二鬼卒之上的于阗武士装的天王。这种服装上的变化来源于于阗，传说于阗国王是毗沙门天王之子嗣，始祖从天王的额上生出，所以天王的装饰带有于阗的服装风俗。这种于阗式的毗沙门天王像从"丝绸之路"南道传至敦煌，8 世纪后期也流传于内地。有的毗沙门天王的脚下，从地涌出半身天女，以两手托举天王双脚，天女是坚牢女神。

榆林窟第 15 窟的毗沙

榆林窟第 15 窟毗沙门天王像

门天王,绘于洞窟前室北壁,独立绘出,头顶有网幔状华盖。华盖下方各有一身迦陵频迦,人头鸟身,背有双翼,一身吹笛,一身拍板。华盖两侧各有一身飞天,自上而下,一手托花盘,一手散花,几缕祥云伴随,长长的衣裙、帔带自华盖上方呈弧形绕华盖而下。

天王屈右腿,舒左腿游戏坐于束腰金刚座上,有舟形头光,两眼圆睁,头戴三叶宝冠,上身裸,下身系裙,项圈、臂钏、手镯、璎珞装饰在身,右手持宝棒,左手于怀中持吐宝鼠,吐宝鼠口吐宝珠。天王右侧站立一身侍从,左侧是乾达婆。乾达婆头戴虎帽,上身斜披红色络腋,身穿虎皮衣,肌肉突出,右手食指与拇指捻住一颗宝珠。

这幅毗沙门天王造型特别,具有西藏毗沙门天王的造像特征。

5. 西夏军政长官的功德窟——榆林窟第 29 窟

榆林窟第 29 窟是西夏时期的代表窟,又名"秘密堂",坐东朝西,建于西夏乾祐二十四年(1193 年)。覆斗形窟,中央设方形基座,座上有 4 层圆坛,坛上现存清代彩塑数身。壁画交融汉密与藏密艺术,形成自身的独特风格。壁画中的人物造型具有鲜明的西夏党项族特点,是西夏佛教艺术成熟时期(即西夏后期)的典型作品。据主要供养人像的西夏文题名可知,此窟可能是当时总握瓜沙二州军政大权的地方最高长官(监军司首领)的功德窟。由于此窟有明确开窟年代,可以作为衡量西夏后期洞窟和艺术的标尺。

榆林窟第 29 窟西夏国师像

（1）真义国师西壁智海供养像

国师绘于榆林窟第 29 窟西壁门南上部，西夏仁宗李仁孝乾祐二十四年（1193 年）绘制。国师头戴莲花冠，上身内穿圆领、短袖、右衽紧身小衫，外披袒右袈裟，头后有头光，右手前伸并拈花一朵，结跏趺坐于方形座上，身后有一身童子张开伞盖；右侧供案，案上摆放供品，方座前方有一位僧人双手捧上供物，左侧有数位僧人双手合十或坐或立，似在听法。高僧前上方墨书西夏文题记："真义国师西壁智海。""西壁"又译作"信毕"，是党项人的大姓。"国师"一名，源于印度，是国主对有较高学识和威望的僧人的封号。西夏时期前后 10 帝，封赠国师共 13 位，真义国师西壁智海为其中之一。

（2）西夏武官与妇女供养像

榆林窟第 29 窟贵族官员像，绘于西壁门南，国师身后及下方。上层三身，头戴金镂冠，腰系抱肚，手持香炉或双手合十持花，头冠、服饰是西夏武官所特有；脸型"圆面高准"，体格魁伟，身材高大，具有北方少数民族的气概。其中第一身题名，汉译为："□□□沙州监军摄受赵麻玉一心皈依"，在第二身身后，有一身形体较小的供养人，画在纸上后贴于墙壁上，题名为"孙没力玉一心皈依"，头顶秃发。供养人像列后有 3 身侍从像，一身年长，脚穿麻鞋，手持长竹杖，头顶挽髻，另二身童子秃发。公元 1033 年，西夏皇帝李元昊颁布秃发令，这铺供养人像反映出了西夏人秃发的习俗。

贵族妇女像绘于西壁门北，上层 3 身，下层有 6 身。她们脸型长圆，身材高挑，双手合十持花，头戴四瓣莲蕾珠冠，右侧插花钗，佩耳珰、颈饰，身穿右衽窄袖通裾大襦，下为长裙，外衣腰下开衩，衣边以不同颜色的布料镶边，脚穿尖钩鞋。衣服颜色鲜艳，上饰碎花图案。

第 29 窟的男女供养像，是西夏贵族的真实写照，特别是男供养人的服饰，与文献记载的西夏武官服饰相同。

三、西千佛洞

在敦煌城东南方向，有世界闻名的莫高窟，而在它的西南方向，还有一处石窟，因为位于莫高窟和敦煌城的西面，称为西千佛洞。西千佛洞在敦煌城西南约35公里处，窟区东起南湖店，西至党河水库，开凿于断崖上，崖面绵延长约2.5公里，前面有党河河水缓缓流过。由于史料的缺乏，西千佛洞的始建年代不详。

西千佛洞现存洞窟22个，其中第1窟至第19窟位于今党河水库东侧约1公里处，其余三窟第20、21、22窟位于南湖店之北，为便于保护，其中第20、22三窟现已整体搬迁至莫高窟北区。保存有北魏、西魏、北周、隋、初唐、盛唐、中唐、五代、宋、回鹘、元等各个时代的洞窟或重修壁画。彩塑34身，大多数经清代和民国时期重塑，但也有一些保持着原塑风貌。壁画共800多平方米。洞窟形制与莫高窟同期洞窟基本相同，有中心塔柱窟、覆斗顶形窟、平顶方形窟以及敞口竖长方形大龛等。

五代第19窟与元代第20窟的窟形，类似游牧民族的圆帐，在敦煌石窟中比较少见。北周第12窟东壁前部的立佛像，纯熟练达的塑作技巧和优美的造型，隽秀和庄严肃穆的神态，为塑像中的佳作。五代第19窟的十六罗汉残塑，与江南供奉十六罗汉出现的时期基本同步，说明两地之间佛教艺术上的传播交流快速。壁画内容及风格基本上与莫高窟同期壁画一致，中唐第18窟的观无量寿经变、东方药师变、降魔变、观音经变等壁画，也完全可与莫高窟同时期最主要的代

西千佛洞外景

表作品相媲美。在观无量寿经变中的"未生怨"故事画，是现存敦煌各个石窟中最早绘有瓶沙王为了早生太子而围困道人和捕杀兔子等情节的连环画，对研究和了解这一故事画的取材、出典及其发展，有十分重要的意义。其他如第7、8、9窟中心柱上北朝晚期的菩萨、飞天，第9窟内隋代供养人画像，第16窟甬道两旁的回鹘王子和王妃供养像，以及第20窟内元代的藏密菩萨等，都具有一定的特色。

敦煌西千佛洞规模不大，是一处重要的中型石窟寺。在这里保存着珍贵的北朝遗迹，之后各个时代又有增修，很多方面是莫高窟、榆林窟的重要补充。

1. 精彩纷呈——第9窟

西千佛洞第9窟，坐北朝南，前部人字披顶，后部平棋顶，有中心塔柱，开凿于西魏，后经过北周、隋、初唐、回鹘、清代的重修。中心柱南向面开龛，东、西壁南端设像台。

窟内壁画经过后代重绘，从西魏到回鹘，不同时代都绘出了出色的壁画，时代特色鲜明，技艺超群，西魏、隋、唐的说法图，北周的说法图、

千佛以及白描伎乐飞天，回鹘时期的涅槃变等，都是各时代的精品，从西魏到西夏，500余年间总有从未被忘记。

（1）西魏说法图

中心柱正面龛内塑坐佛一身，龛外两侧各一身弟子，塑像都经过清代重修。龛楣西魏画说法图，主尊佛结跏趺坐，身后是桃形身光，两侧各一身菩萨胁侍而立，头顶均有华盖，肩披帔巾于胸前交叉后又搭于双臂，两侧各绘出五身飞天，有吹横笛的，有弹琵琶、箜篌的，击腰鼓的，也有头顶花篮的，有手持莲蕾散花的，在右侧边缘还有一身仅穿红色短裤，跨腿奔跑的力士像。整个画面以浅蓝色为背景，用色清丽。佛、菩萨造型清秀，仪态优雅，飞天凌空而来，帛带向后飞扬，还有奔走的力士，营造出极具吸引力的说法氛围。

（2）北周白描伎乐飞天

西千佛洞第9窟北周白描伎乐飞天像

在洞窟人字披下方，佛头光的两侧，朱墨绘制飞天各二身，其中北侧的两身飞天保存完好。飞天只用红色线条勾出轮廓，未加上色，身后还有起稿时的横线，这是未完的画作，也许是画家故意为之，却别有韵味。两身飞天头戴宝冠，裸上身，下系长裙，一身弹箜篌，一身弹琵琶，一前一后，伴乐飞来。

（3）隋代说法图

东壁隋代绘说法图，画中佛居中端坐仰莲上说法，头上有华盖，身后是菩提双树，树两侧有飞天捧来花盘。佛左侧的弟子阿难手持香炉，右侧的迦叶展开经卷。菩萨半裸上身，肩披帛带，下系长裙，侍立听法。这幅画是隋代的疏体画风，画面以人物为中心，布局疏朗有致，与隋代的密体画形成鲜明的对比。

说法图下方绘出了山峦与花草，再下方则是两排男女供养人像，女像手持莲花，身穿乳白色曳地长裙，外披红色帔巾，身材苗条；男像穿红色或乳白色圆领窄袖衣，腰系蹀躞带。下排还绘出了一辆牛车。

（4）初唐说法图

西千佛洞第9窟隋代说法图

洞窟南壁初唐补绘一佛二菩萨说法图一铺，佛坐仰莲华座，脸形方圆，两眼直视前方，发髻蓝色，身穿偏衫式袈裟，右手上举说法，珠宝装饰的花蔓在头顶自然形成华盖；两侧的菩萨头戴华冠，面容姣好，低眉下视，璎珞严身，帛带随风，下系长裙，身材曼妙。佛座与菩萨足下的莲台有枝蔓相连，向上生长的花叶环绕说法图，意境优美。

西千佛洞第9窟初唐说法图

佛前是香炉和供养人，男女供养人分列左右跪于方毯之上，虔诚礼佛，男供养人4身，最前方一位是僧人，女供养人3身。

说法图旁边有红笔题写的如意元年题记，如意年号只有一年，即公元692年，当时正值武则天称帝，这幅说法图大致绘于此时。

（5）回鹘涅槃变

北壁回鹘时期绘制一铺通壁大型涅槃变，佛微启双眼，右胁而卧，形体硕大，身边围绕着众多举哀弟子和信徒，作种种哀泣、悲痛之状。画面以土红色为主调，佛的须眉用石绿勾描。

2. 回鹘可汗——第 16 窟

西千佛洞第 9 窟佛涅槃像

第 16 窟营建于晚唐，坐北朝南，主室覆斗形顶，北壁设有佛床，经五代、宋、回鹘、民国多次重修，底层壁画隐约可见。回鹘重修时，绘出了多身回鹘供养人像，特别是在甬道西、东两壁绘出了回鹘可汗与王妃供养像。公元 11 世纪，沙州回鹘曾经是一股强大的民族势力，他们信仰佛教，并从事于敦煌石窟的修建，壁画艺术作品具有鲜明的民族特色。

回鹘可汗与王妃供养像

回鹘可汗像绘于甬道西壁，身躯高大，脸形丰圆，头戴桃形冠，身着团龙袍，双手捧一盘，盘内盛放宝物，五色光出。画像前方有张大千补写墨书榜题，其中有"回鹘可汗供养像"等字。身后 4 名侍者，身穿圆领窄袖服，腰系带，或擎伞盖，或持弓箭。

与可汗像相对，甬道东壁绘回鹘王妃供养像。王妃头戴桃形冠，冠上饰宝珠与珊瑚，冠侧插饰如意钗，抱面，贴花；身穿窄袖、翻领长袍，裙裾曳地;双手托盘,盘内盛放宝瓶、宝珠、珊瑚。王妃身后跟随一身服饰相似、身高略低的供养人,手持花枝,估计为回鹘公主。

3. 罗汉堂——第19窟

第19窟建造于五代,宋代重修,有纵向的拱顶,北壁开一个拱形大龛,龛内塑一身倚坐佛,西侧残存右胁侍菩萨一尊,残存两侧天王足下的地鬼,窟内原塑像为一佛二菩萨二天王。龛内壁画有十大弟子、六菩萨、天龙八部、四天王、飞天、十方佛等内容。

窟内引人注意的是为数众多的罗汉。罗汉塑像,现存西壁8身、东壁5身,推测原塑为十六罗汉。壁画罗汉更多,西壁和东壁各绘六排罗汉,西壁与龛外西侧共有90身;东壁残损严重,与龛外东侧共残存56身,合计146身,若加上塑像,依据对称原则,原来应有罗汉200身左右。壁画中的罗汉,有的身披田相袈裟,有的身披山水袈裟,有的袈裟裹头,有的坐于山林之中,有的坐于禅窟之内,还有一窟之中禅坐两身罗汉。

五代时名僧禅月大师贯休以善画罗汉著称,他笔下的罗汉,"胡貌梵相,曲尽其态",技巧十分熟练,据说"逡巡便是两三躯,不似画工虚费日",有这样的大师,他们的技法和作品在世间推广、流传,敦煌石窟出现这样别具一格的罗汉堂当非偶然。第19窟的罗汉虽然不如贯休作品那般怪骇突兀,却并非千篇一律,在相同中体现饶有趣味的细节变化。

西千佛洞第19窟西壁的罗汉

四、东千佛洞

东千佛洞位于甘肃省瓜州县锁阳城镇原桥子乡南 35 公里的祁连山支脉长子山北麓，距瓜州县城 85 公里。因为地处敦煌千佛洞（莫高窟）以东而惯称"东千佛洞"，又因为其第 7 窟内彩绘两铺接引佛，也称"接引寺"。洞窟开凿于干枯的河谷两岸的崖壁之上，现存 23 个，其中有壁画和塑像的编号洞窟 8 个，第 1~5 窟在西崖，第 6~8 窟在东崖。现存洞窟主要为西夏时修建，有的洞窟在元代、清代时重修。窟形主要有长方形中心柱窟、圆形穹隆顶窟、方形平顶窟等，其中第 2、4、5、7 窟均为龟兹式中心柱窟。第 4 窟中心柱正面塑出佛塔，塔身中间开龛，龛内绘一身结跏趺坐的国师像，是纪念高僧的影窟。壁画总面积 486 平方米（少数为清代绘制），清塑 46 身（原塑均毁）。壁画内容有曼荼罗图、说法图、西方净土变、涅槃经变、八塔变相、文殊变、普贤变、五方佛图、药师佛像、阿弥陀佛来迎图、观音救八难图、救苦观音像、水月观音像、十一面观音像、八大菩萨像、明王像、分身瑞像、布袋和尚像、国师像、供养人像及龙、凤、花卉等装饰图案，其中以第 2、5、7 窟保存较好。

东千佛洞以内容丰富、技术精湛的西夏壁画而闻名，可以弥补莫高窟和榆林窟的不足。内容多数是显密结合，汉密与藏密结合，明显可以看到汉文化、西域文化和藏传佛教甚至古印度波罗王朝艺术风格的影响。西方净土变、涅槃经变、十一面观音、水月观音和布袋和尚等是汉地佛教流行的题材。龟兹式中

东千佛洞外景

心柱是西域典型的洞窟形制。各种曼荼罗和明王像是藏传密教中常见的题材。"S"形站姿的菩萨像和涂红掌心的做法等是藏传佛教吸收了古印度波罗王朝的艺术形式。东千佛洞艺术反映出11世纪以后西夏王朝对周边文化的兼容并包、吸收融合的开放态度，最终形成独具特色的西夏佛教文化与艺术。

显密结合——东千佛洞第2窟

第2窟是东千佛洞保存最完好，内容最丰富，艺术水准最高的洞窟。修建于西夏时期，洞窟坐西朝东，前部覆斗顶，后部有中心柱，前部三面设坛。坛上塑像为清代重修，正壁坛上三佛，结跏趺坐于金刚座上，左、右两侧坛上各有两身菩萨。藻井中心绘金刚界九尊曼荼罗，四披壁画脱落严重。中心柱正面对称绘12身坐佛和2幅布袋和尚图。中心柱西向面绘涅槃图，其中悼念释迦的八部圣众、七大弟子和各国王子，形象真实，线描挺劲，神采飞扬。在中心柱南、北两向面对称绘出了救苦观音像，分别是七宝施贫儿与甘露施饿鬼。西壁正中绘说法图，两侧各绘一铺药师佛像。从西向东，南、北壁依次绘水月观音、释迦如来曼荼罗、观音或多罗菩萨救济八难曼荼罗。东壁门北侧绘尊胜佛母曼荼罗，东壁门南侧绘文殊五尊

曼荼罗。洞窟内多种风格并存,有传统的显教,也有藏风浓厚的密宗曼荼罗,还有深受印度波罗王朝艺术影响,为此窟独有的两身手攀树枝、身姿妩媚的观音像。无论在内容还是风格上,第2窟都是东千佛洞的代表窟,艺术价值很高。

1. 救苦观音像

在中心柱南、北两向面对称绘出了救苦观音像,分别是七宝施贫儿与甘露施饿鬼:南向面一身为七宝施贫儿,画中菩萨头戴化佛五叶冠,卷发披肩,眉眼细长,耳戴圆形珠宝耳珰,项佩华丽项圈,饰璎珞、臂钏、手镯,上身穿贴身浅蓝色短衣,腰系白色短裙;俯首微侧向右,身体呈"S"形站立,右脚站于莲花上,左腿微曲,跷脚,身后一棵弯曲的菩提树,左手攀树枝,右手下伸施七宝,手中落下珠宝、铜钱等物,下方有一贫儿骑在另一身的脖子上,双手捧接,另有一身跪地乞讨;北向面菩萨站于树下,左手握树枝,右手拿净瓶倾倒,下方一身饿鬼骑于另一身饿鬼肩上,双手上举,张口畅饮甘露,旁边另有一身跪地求甘露。菩萨正面,头戴化佛冠,卷发披于肩后,戴耳珰、海螺装饰的项圈、臂钏,细如绳状的帛带挂于肩臂,上身穿浅绿色贴身短衣,腰系白色短裙,身体斜倚树干,左脚

东千佛洞第2窟中心柱南侧观音像

踩莲花，屈右腿，跷右脚。两身菩萨身材妖娆，造型优美，见之忘俗。

2. 水月观音图

东千佛洞第2窟南、北壁后部各绘一铺水月观音图，内容与布局较为相似。北壁画面中的观音在石座上游戏而坐，头戴化佛宝冠，衣饰华丽，右侧方箱上并列经卷，左侧石台上放置插杨柳枝的净瓶，背后是嶙峋的山石、修竹、花卉。前方的海面上碧波荡漾，莲叶浮沉。与观音遥遥相对的岩岸上，绘唐僧、猴行者、白龙马。海面上有龙宫神祇前来供养，最前面是云鬓簪花，身着大袖袍服，手托花盘的龙女，然后是头戴通天冠，身着大袖袍服，腰系革带，手持长柄香炉的龙王，再后是头戴展脚幞头，满脸络腮胡，身着翻领袍服，一手持笔，一手持案卷的判官，最后是身体半裸，面目狰狞，怒发冲天，双手挥舞大旗的夜叉。画面描绘细致，表现人物性格鲜明、栩栩如生。

五、昌马石窟

昌马石窟位于甘肃省玉门市昌马乡水峡村，距玉门镇60多公里，包括大坝和下窖两处，大坝石窟已遭破坏，下窖石窟保存较为完整。

昌马下窖石窟周围群山环绕，中间为一盆地，石窟开凿在水峡村西南祁连山麓陡峭的山崖绝壁之上，距地面20~40米。依山势分为南、北、中段。南北两段的7个窟龛多已残破，仅中段4个窟中还有壁画与塑像，其中又以第2、4窟较为完整。

昌马石窟最早开凿于十六国北朝时期，洞窟形制与新疆的克孜尔等石窟以及文殊山石窟、马蹄寺石窟等有很多相似之处。西夏时进行了大规模的重修，并重绘了壁画。西夏重修壁画与同时期敦煌石窟壁画有着密切关系。

昌马下窖石窟外景

下窖石窟的造像

题材主要有坐佛、胁侍菩萨、七佛、大菩萨行列、六臂观音菩萨、弥勒菩萨、文殊菩萨赴会图、普贤菩萨赴会图、净土经变画、飞天、供养香炉及狮子、火焰宝珠壶门、垂幔、团花纹或连珠纹或花卉等图案，等等。

1. 西夏壁画——第2窟

昌马石窟保存最好的是下窖第2窟。第2窟可能是北魏时期开凿的中心柱窟，但窟内北魏造像遗迹基本不存，西夏对窟形进行了改造，重修了全部壁画，清代又补绘少量壁画。主室平面方形，前部横券顶，后部中心柱四面各开一圆券形敞口大龛。

中心柱正面龛外两侧各绘一身胁侍菩萨，双手合十，双脚各踏一莲花。龛上两侧西夏绘结跏趺坐佛7身，均坐在莲花座上，合为七佛。左右过道内侧中间为手托日月或净瓶的六臂观音，观音左右各有一身胁侍菩萨。前壁门上绘执扇弥勒菩萨像，门左右分别绘普贤变和文殊变。左右壁前部各绘一铺净土变，后部各绘3身与人等身高度的立姿供养菩萨。后壁绘等身立姿供养菩萨6身。后部顶部残存一身完整的飞天和一身残半的飞天。

（1）执扇弥勒菩萨像

执扇弥勒菩萨像位于第2窟前壁门上，结跏趺坐于莲花座上，有圆形头光、身光。头戴宝冠，身着天衣，饰璎珞、臂钏，袖口外翻，右手执扇，左手托于腹前。两侧饰升起的枝莲花。执扇弥勒菩萨像是北宋画家高文进创制的一种造像，在敦煌石窟西夏壁画中多次出现，是北宋与西夏两地之间在佛教文化和艺术方面交流的一个例证。

（2）飞天

飞天位于第2窟后部窟顶，头戴宝冠，裸上身，斜披络腋，饰璎珞和臂钏，双手前伸，下身着裙，体态舒展，飘带后扬，极富动感。飞天周围饰云气纹。

昌马下窖石窟第 2 窟执扇弥勒菩萨像　　昌马下窖石窟第 2 窟飞天画像

2. 北魏造像与西夏壁画——第 4 窟

北魏开凿，西夏、清代重修。平面方形，后部中间有中心方柱。中心柱正面西夏时改建成大背屏，背屏下部中间有土坯垒砌的圆券形小龛，龛内塑像与壁画已毁，龛外为清代重绘的牡丹花卉与火焰纹。中心柱柱身其他三面均分上、下两层开龛造像，塑像多数已毁，仅存少数残像。中心柱表面西夏绘花卉图案。四壁西夏绘等身大小的立姿供养菩萨行列，现存 19 身。窟顶残存飞天和团花、菊花纹、连珠纹等图案。

（1）北朝佛与胁侍菩萨造像

第 4 窟中心柱背面上层坐佛与左右胁侍菩萨像的头部均已毁坏，但身体大部分仍然保存。中间佛结跏趺坐，着土红色通肩袈裟，袈裟表面为细密整齐的阴线刻衣纹，双手于腹前搭覆于袈裟之下。胁侍菩萨双手合十，上身裸露，披帛，下身着裙。塑像体魄雄健，虽然表面多已变成黑色，但更显古拙庄重。

昌马下窖石窟第 4 窟西壁供养菩萨像

（2）西夏供养菩萨行列

四壁上西夏绘等身大小的立姿供养菩萨行列，高约 1.8 米，有圆形头光，头戴宝冠，缯带下垂，上身着天衣、璎珞，下身着裙，有胡须。左侧一身菩萨手托高脚玻璃碗，碗中盛花。壁画在白底上绘制，多使用石青与石绿等颜料，格调淡雅清新。

六、五个庙石窟

　　五个庙石窟是敦煌石窟群之一，位于今甘肃省肃北蒙古族自治县城北20公里处。洞窟开凿在砂崖上，崖高约30米，洞窟悬于半崖，距地12~15米。发源于党河南山（祁连山支脉）的党河，经肃北县向北流去，其下游灌溉着敦煌绿洲。党河上游的肃北县及其周边地区，自古以来就是敦煌的南大门，唐宋时期在今党城湾附近设有紫亭镇或紫亭县，由敦煌（沙州）管辖，控制着通向南山吐谷浑、吐蕃的交通要道，而且这里水草丰美，易于放牧，所以在政治、经济等方面对敦煌有着非常重要的意义。

　　五个庙石窟坐落之处，河湾曲折，峡谷宽阔，党河的一段在这里折向东流，洞窟群就开凿在河北岸的崖壁上。五个庙石窟原来至少有10余个洞窟，但大部分洞窟已经塌毁或被积沙掩埋，现存有壁画的洞窟总共编为6个号，分成两个区，西区主要有4个相邻的洞窟，由西向东依次编为第1~4窟，东区有多个相邻的残窟，其中的两个残窟由西向东编为第5~6窟。第1~5窟残存有较多壁画。今天的肃北县是蒙古族人民聚居的地区，当地百姓将石窟称为"庙"，这处石窟群大约有5个主要洞窟，故俗称为"五个庙"。

　　五个庙与莫高窟、西千佛洞、榆林窟、东千佛洞等其他敦煌石窟群一样，洞窟均开凿在由积沙与卵石沉淀黏结而成的酒泉系砾石岩崖体上。五个庙石窟从北朝时期创建后，在敦煌归义军时期、西夏至元时期、清代均进行过重修。现编号的6个洞窟中，均开凿于北朝时期，原来均为前后室结构，但现在前室

五个庙石窟外景

大部分已经塌毁，主室第1、5、6窟为中心方柱平顶窟，第2、3、4窟为纵向人字披顶方形窟，第2、4窟在正壁中央开一个圆券形大龛。第1窟保存相对较好。

五个庙石窟中的塑像现基本不存，壁画则经过多次重修，有些洞窟中可以看到二层或三层的重层壁画，较早的壁画有北朝时期的佛像、菩萨像、飞天像、椽间化生及忍冬与莲花等图案、火焰纹等，现存的表层壁画大部分属于西夏至元时期。内容显密杂陈，主要有八塔变相、五方佛、执扇弥勒菩萨图、弥勒经变、涅槃经变、十一面千手千眼观音像、坛城图、炽盛光佛图、水月观音图、文殊菩萨赴会图、普贤菩萨赴会图、药师经变、劳度叉斗圣变、维摩诘经变、净土变、佛说法图、明王像、天龙八部像、供养菩萨像、供养人像、藤枝卷草纹、牡丹及其他花卉等图案等，画面精美细致，清新隽永。

五个庙石窟，是敦煌石窟的重要组成部分，为研究古代河西地区佛教艺术的发展提供了珍贵的补充材料。

八塔变——五个庙第1窟

第1窟为平面长方形，是人字披顶的中心方柱式窟，大约始建于北朝，

原作早已不存，现存壁画为西夏时重绘，有弥勒经变、水月观音、曼荼罗等内容，壁画大多保存完好，颜色鲜艳。

八大灵塔是指在释迦牟尼一生中进行过重大活动的八处地点所建立的大塔，略称八塔。八塔所在之处，即后人所谓的"八大圣地"。依据《十地经论》所载之八相成道说，将阿育王所建造的四塔（降生、成道、初转法轮、涅槃），加上祇园现神通处等四塔，即成八大灵塔。此八塔的名称在唐代般若译《大乘本生心地观经·序品》与北宋法贤译《佛说八大灵塔名号经》与《八大灵塔梵赞》等经中都有记载，但各经记载的名称及其故事并不一致。五个庙石窟第1窟的八塔变相现存五塔，中间为降魔成道大塔，两侧各存两塔，上下排列。

调伏醉象

位于中心柱正面成道塔西侧上方。据佛经记载，摩揭陀国阿阇世王受提婆达多教唆，趁佛陀入王舍城时，放醉酒狂象欲加害之，然醉象遇到佛陀即被降服。画面上，在塔内释迦牟尼侧身而立，右手向下伸出，一头白象从手中向下飞出，下方地面上也并立着两只白象，释迦身后侍立着心存不安的弟子阿难。

五个庙石窟第1窟八塔变相之调伏醉象塔

1. 文殊化现老人

作为背景的五台山山峦起伏,树木成荫,寺院与圣迹众多。画面中有一老人驾云而来躬身作礼。根据《佛顶尊胜陀罗尼经·经序》记载,北印度罽宾国僧人佛陀波利在初唐时来到五台山礼拜文殊菩萨。忽有一老者出

五个庙石窟第1窟五台山文殊化现老人

现，问其是否带来了除罪秘方佛顶尊胜陀罗尼，说完突然又不见。佛陀波利惊叹之余，乃归国取经，然后到长安求见皇帝，在朝廷的支持下译出此经。此老人为文殊所变化，专门来点化佛陀波利。在作为文殊或普贤赴会图背景的五台山中化现而来的老翁，就是文殊化现的圣老人。

2. 水月观音

五个庙石窟第1窟主室右壁前部水月观音图

画面上远处的一角，在幽暗的天空中升起一轮新月，月下云端上化现出一座寺院，寺院中高耸着一楼阁式大塔。近处是波光粼粼的水面，一片山岩伸入大海之中，观音菩萨坐于石台之上，有圆形大背光，头戴化佛宝冠，身披轻纱，游戏而坐，两手抱膝，头部微倾，一副超然闲舒之态。观音背后有嶙峋的山石与竹林，岸边有两只白鹿，一只低头啃咬花草，另一只昂首注视菩萨，口中衔花枝作供奉状。整个画面体现一种静谧空寂、超脱世俗的境界。唐宋时期，水月观音在各地非常流行，仅在敦煌石窟艺术中就发现了近40幅作品。

3. 一种七收、树上生衣、路不拾遗

画面表现弥勒经变的部分情节。下部田间有两人，头戴草帽，一人正在收割，另一人背着收割好的谷物正在离开，表现"一种七收"中收获的场景。上部有一桌案，案后有两人作交谈状，案上放置一排四包白色珠宝，表现"路不拾遗"的情节。旁边立有一件木制衣架，架杆上晾满了衣物，表现"树上生衣"的情节。佛经记载，弥勒之世树上自然生衣，取下即可穿着。这里不画神奇的生衣之树，而是以另外的形式表现衣物丰足的场景。

五个庙石窟第 1 窟弥勒经变树上生衣、路不拾遗与收获图

一 河西石窟

河西地区是一条东西长约1000公里、南北宽几公里至上百公里不等的狭长地带,形同走廊,故又称"河西走廊",为我国通往西域的咽喉之地,也是"丝绸之路"的要道。河西石窟,指敦煌石窟群以东、兰州以西的河西地区石窟,包括酒泉市附近的文殊山石窟、张掖市附近的马蹄寺石窟和武威市附近的天梯山石窟等。

历史上,割据河西的统治者,大多笃信佛教、敬奉高僧,如前秦的苻坚、后凉的吕光、北凉的沮渠蒙逊等。中国佛教史上的一些著名高僧,都曾先后在河西一带居留,有名的有竺法护、昙无谶、鸠摩罗什等,这些高僧在河西的译经、讲经等活动,也直接推动了河西佛教的发展和兴盛。北齐时魏收撰写的《魏书·释老志》记载:"凉州自张轨后,世信佛教。敦煌地接西域,道俗交得其旧式,村坞相属,多有塔寺。"就是当时河西一带佛教盛况的真实写照。

与佛教的发展相辅相成的,是佛教石窟的开建。在河西绵延千里的祁连山境内,现存有大量的佛教石窟遗址,这也反映出当时佛教的兴盛。通过与莫高窟石窟艺术比较,以及一些资料判断,文殊山、马蹄寺等石窟的开创年代,基本与莫高窟同步,多数也在十六国五凉时期。

河西早期石窟大多为中心柱窟。塑像具有高大雄健的体魄,体现了我国北方民族强悍的性格。金塔寺等石窟中的飞天,多用凌空悬塑,身轻似燕,若从天而降,各具特色。河西诸石窟现存的壁画,尽管数量不多,但内容丰富，绘画风格多样，如文殊山千佛洞内，早期壁画采用了西域式晕染画法，金塔寺西窟的北凉彩绘飞天，却是中原传统的画法，先以土红色线勾勒轮廓，再填色而成，马蹄寺千佛洞第8窟北魏重绘的佛、菩萨像则用笔遒劲。

天梯山石窟第1、4窟经过了历代重修，从两窟中心塔柱剥出了北凉、北魏、初唐、盛唐、中唐、晚唐、西夏、元、明等不同时期的壁画，几乎可以完整地反映河西石窟艺术的不同发展阶段。文殊山万佛洞内西夏时期的弥勒经变，马蹄寺北寺第7窟前堂元代时期的金刚力士和礼佛图，下观音洞北壁明代的伎乐天人等，均是各时期颇有特色的作品。

马蹄寺石窟周边的一些小型石窟，如民乐童子寺石窟、上天乐石窟、肃南石佛崖石窟、景耀寺石窟，天梯山石窟周边的张义堡观音山石窟、新华亥母洞石窟、金山石佛崖石窟等小石窟，这些石窟虽然规模小、内容少，但可以补充河西石窟内容，对于全面了解河西石窟的分布及发展也具有一定意义。

一、文殊山石窟

文殊山石窟，位于甘肃省肃南裕固族自治县祁丰区的文殊山，距离酒泉市约20公里。在《肃州县志》中记载："城西南三十里，山硖之内，凿山为洞，盖房为寺，内塑佛像……旧称三百禅室，号曰小西天。"文殊山号称小西天，是一处佛教圣地。

文殊山石窟分为前山与后山两部分。前山千佛洞、万佛洞二窟中的壁画、塑像保存较为完整。后山现存的石窟遗迹较多，但大多毁坏严重，千佛洞和古佛洞二窟保存较好，有壁画。后山有一些成组的石窟以及多室禅窟，很有特色。多室禅窟平面为纵长方形，后壁开二禅室，左右两侧壁各开四禅室，与莫高窟第268、285、487窟相似，这种窟内开凿禅室的窟形多见于新疆地区和中亚地区。

文殊山石窟的具体开凿年代不明。前山圣寿寺中保存了元泰定三年（1326年）立的"重修文殊寺碑"一块，碑文记载："所观文殊圣寺古迹，建立已经八百年矣。"从1326年上推800年，为公元526年，时间在北魏孝昌二年。由此可知，文殊山石窟的创建大概在此之前，而从现存洞窟壁画的风格，也可判断文殊山石窟创建于北魏或者更早时期。

1. 古朴的飞天与说法图——前山千佛洞

文殊山前山千佛洞窟门大致朝西，窟室平面近方形，正中有中心方柱。中心柱下部有柱座，柱座之上有两层各有四面，每层每面各有一圆拱龛。龛内塑坐佛像，龛外两侧各塑一身立姿胁侍菩萨。造像经过历代重修，已经基本失去了原作风貌。

在中心柱西侧和北侧的窟顶保存有壁画，各绘3身伎乐飞天。

洞窟的北壁和西壁壁画保存较为完整。北壁从上至下依次绘天宫栏墙及垂幔、千佛、立佛行列及说法图、供养人行列、忍冬纹边饰、三角垂帐纹，其中说法图西侧画立佛4身，说法图和立佛之间还绘有一身白衣居士像。西壁窟门两侧上部为天宫栏墙，栏墙下绘千佛，千佛下方画立佛一排、供养人像一排，最下面为忍冬纹边饰和三角垂帐纹图案。西壁圆拱形门上部有一方后期重新绘制的壁画，中间绘一座塔，两侧各一身供养人：左侧一身比丘双手合十，持一枝莲花；右侧一身俗人，左手持长柄香炉。

前山千佛洞的窟顶和西、北壁的壁画为早期壁画的原作，造型古朴、色彩浓艳厚重，佛、菩萨和飞天等形象均与莫高窟北凉洞窟的同类题材表现手法接近，具有浓厚的西域风格，对于认识河西早期石窟壁画艺术具有重要意义。

这个洞窟最有艺术价值的是窟顶的伎乐飞天、北壁的说法图。

（1）伎乐飞天

环窟顶一圈绘有多身飞天，部分壁画脱落，保存不全，现存6身，体型较大，身体弯曲呈"U"或"V"字形，长约60厘米。图中蓝色天空之中，飞天帛带飞扬，弹琴奏乐，散花飞翔，有弹奏琵琶的，有吹奏排箫的，有吹长笛的，也有凌空散花和双手合十的，整个画面灵动而绚彩，鲜花伴乐音齐飞。

文殊山石窟前山千佛洞窟顶伎乐飞天

一对飞天相向飞行，一身飞天吹奏排箫，另一身飞天吹奏长笛，两飞天头部靠近。吹排箫飞天脸部晕染，眼角含笑，双手轻持排箫吹奏；头戴花冠，宝缯长飘，裸上身，肩披格纹帛巾，下着羊肠裙；佩戴螺纹装饰的纤细璎珞，饰同样风格的臂钏与手镯。

飞天采用西域晕染法绘制而成，脸部及身体的裸露部分运用色彩晕染，来表现立体感。

（2）一佛二菩萨说法图

说法图绘于北壁，佛居中结跏趺坐于莲花座上，有着圆形头光与椭圆形身光。头光两重，内层花瓣，外层火焰；身光内层与外层为火焰纹，中间为蓝色光带。佛圆形发髻，两耳垂肩，鼻梁白色，脸颊晕染，着红色偏衫式袈裟，两手作说法印。佛左侧菩萨有绿色圆形头光，跣足立于莲花之上，左手下垂，手提净瓶，右手上举，拿一白拂；头戴红色环形宝冠，冠上嵌双排宝石，冠侧结格纹长缯带，缯带上扬；饰圆形耳珰、项圈、臂钏、手镯；上身斜披绿色裙帔，肩挂几何纹帛巾，下着罗裙，罗裙腰部外翻，系带垂至膝下。佛右侧菩萨站姿、饰物一如左侧菩萨，双手执物，上身斜披褐色裙帔，面向主尊佛。

文殊山石窟前山千佛洞北壁说法图

这一组说法图，从服饰及晕染效果来讲，极具西域特色。采用的是西域的凹凸晕染法，在佛、菩萨的面部、裸露的肌肤部分和裙裾上，多以土红或较深的颜色进行晕染，十分强调色彩的鲜艳和人物形象的立体效果。

（3）白衣居士像

洞窟北壁说法图与立佛之间绘有一身居士像，头戴白色巾子，身穿红边曳地白衣，宽袖交领，胸前系宽带，浅蓝色内衣，左手执长杆，右手执扇。颇有魏晋名士之风。

2. 西域风的菩萨和西夏的布袋和尚——前山万佛洞

前山万佛洞坐北朝南，开凿于北魏时期，平面呈方形，窟内有中心塔柱。中心塔柱座以上每面分为两层，每层开一龛，除了正面上层为阙形龛，其余均为圆拱形龛,龛内、外塑像大多残毁不全,有的为后代重修。表层壁画为西夏重修,有的地方露出底层北魏壁画原作。

洞窟的中心柱形制与千佛洞一致,是河西地区早期石窟中流行的形式。在中心柱正向面龛外两侧底层壁画,下方各绘立姿菩萨一身,上方龛楣两侧各绘弟子5身。菩萨身材修长,用色清丽。龛左侧菩萨高鼻修眉,身体微侧,左手叉于胯侧,屈右臂,右手上举,头部微微倾斜,姿态优美;具有桃形头光,细长宝缯弯曲上扬,长发披于脑后,裸上身,下系长裙,圆形耳珰,两肩斜挂垂饰,一条红色,一条黑色,于腹前交叉。龛右侧菩萨与左侧菩萨左右对称绘出,衣饰与左侧菩萨相似,两眼前视,左臂下垂于身侧,右手上举,身姿挺拔,孑然而立。

中心柱正面龛右侧上部绘有5身佛弟子,因为从底层剥出,颜色鲜艳,没被后期熏黑。弟子具头光,身着袒右袈裟,袈裟颜色不同,自左至右分别是红、黑、蓝、白、红色。5身呈一排站立,姿态各异,有回首低头者,有微仰前视者,有的双手合十,有的则单臂微曲,整个画面充满动感与呼应之势,弟子们在聆听佛法,却又似在相互交流。龛左侧与龛右侧上部弟子像对应,应为5身弟子,但仅剥出了3身,另外两身仍叠压于上层壁画下。中间一身弟子,左手把袈裟,右手于胸前,俯首垂目作礼状。

窟顶呈拱形,窟顶南侧部分被毁,

文殊山前山万佛洞窟门上方的布袋和尚

存西夏画立佛 3 身；中心柱东西两侧顶部西夏画立佛各 5 身；中心柱北侧顶部画立佛 4 身。

四壁壁画以东壁保存较好，西夏绘弥勒经变 1 铺；下部在方格中画贤愚经故事画，包括尸毗王本生、须阇提本生、海神问船人、须达拏太子施象等故事。

北壁壁画部分脱落，残存壁画大部分为千佛。西壁大部分壁画已脱毁，残存局部的西方净土变。

南壁窟门西侧壁画损坏严重，门上及门东侧西夏壁画保

文殊山前山万佛洞中心柱北魏菩萨像

存完好。窟门上方西夏绘布袋和尚，和尚头后有圆形头光，额上升出一缕云，云中一身坐莲花化佛；和尚圆脸肥颊，丰胸大肚，憨态可掬；左手拿经卷，一柄弯曲的木杖搭于右肩上，微闭双眼，头侧向一边，左臂倚靠身后的大包裹，似在小憩；身穿田相袈裟，光脚，一双布履弃置一旁。这幅人物画描绘细腻、逼真，睫毛与胸口、手臂上的毛发清晰可见，是西夏画中的佳作。

布袋和尚，名契此，浙江奉化人，唐末至五代后梁时期的高僧，相传是弥勒佛的化身，幽默风趣、智慧乐观，深受人们的爱戴。他的标准造型是体胖肚大，整日袒胸露腹、笑口常开、随处寝卧。

窟门东侧上部绘密教曼荼罗，下部为供养人像。供养人像中部有一方红底榜题，榜题左侧有一身高僧像坐于方毯上，头戴莲花帽，左手拿数珠，

身后一身男供养人合十而立；右侧也绘一身高僧坐于方毯上，身后一身比丘尼，身后还有二小儿，后随3身女供养人。

洞窟四角各画天王像1身。

万佛洞西夏重绘的经变画，构图宏伟，表现精细，色彩灿烂，是西夏经变画中上乘之作。

3. 精美的平棋图案——后山千佛洞

后山千佛洞是一个平面为方形的中心柱窟。中心柱下部有基座，上部仅在正面开一龛，龛内塑像已被毁，其余三面不开龛。中心柱正面龛内、外西夏画佛光，由佛像头光和身光处发出，向外辐射。其余三面上部绘坐佛1排，下部绘说法图1铺，均为西夏重绘。

甬道顶为券顶，顶部壁画为北魏时代原作。中心柱前方顶部绘平棋6方，左右各绘平棋4方，后部平棋5方。右顶与后顶交接处画飞天两身，左顶与后顶交接处画鸟两组。窟内壁画烟熏损毁严重，保存下来的北朝平棋图案壁画是此窟的精华。平棋图案颜色保存鲜艳如新，以冷色为基调，用色典雅，套用各种几何纹，有圆圈纹、菱形纹、方格纹、人字纹等，与新疆克孜尔、吐峪沟等石窟壁画风格接近，明显地受到西域风格的影响。

（1）持香炉飞天

执长柄香炉飞天绘于平棋顶转角格内的三角区内，饰以宝瓶图案的对角线将平棋格一分为二，每一个三角区内绘一飞天。持香炉飞天具有圆形头光，五官分明，脸向前方，头戴三珠宝冠，耳佩圆形大耳环，耳环下又缀格纹长方形吊坠，肩披几何纹图案的帛巾，裸上身，下系绿色长裙，舒展两臂，右手前伸执长柄香炉，左手置于身后。有限的空白处以莲花补白，画面饱满而不显拥挤。

（2）持花绳飞天

与持香炉飞天相对，持花绳飞天绘在平棋格内的另一三角区内。飞天有圆形头光，表情庄重，头戴三珠宝冠，佩圆形大耳环、项圈、手镯；肩披帛巾，裸上身，下系绿色长裙；两手持绿色长巾。画面空白处以莲花补白。

酒泉文殊山后山千佛洞平棋顶对鸟图案

（3）对鸟图案

在转角的平棋格内，对角线将方格一分为二，内绘3只鸟，一个三角内绘对鸟，另一个三角内仅绘雄鸟一只。对鸟一雌一雄虽相对而立，但头向一致，足下承以一枝莲叶。对鸟头顶有羽冠、鸽下垂须，雌鸟尾羽较短，雄鸟尾羽修长，羽毛颜色以绿色为主，点缀以黑色与红色，典雅又古朴；雄鸟回首，造型优美。独只雄鸟有着醒目的羽冠、绚丽的修长尾羽，目视前方，仪态庄重，透出一股霸气。

二、马蹄寺石窟群

马蹄寺石窟群位于张掖市南60余公里处的祁连山境内,在肃南裕固族自治县马蹄区,包括马蹄寺南、北二寺,金塔寺石窟,上、中、下观音洞,千佛洞等7个部分。这些石窟,以马蹄寺为中心,分布在周围的崇山峻岭之中,相互之间的距离少则两三公里,多则十几公里。各石窟中现存的窟龛,有的10个,有的仅有两三个,7处石窟的窟龛总数有七十多个。

马蹄寺石窟群所在的山崖由红砂岩组成,石质结构粗糙,易风化,因此各石窟中的造像主要为泥塑。最早的石窟开凿于十六国北凉时期,此后的北魏、西魏、隋、唐、西夏、元、明、清等时期都有修建。

马蹄寺石窟群初创于东晋,由敦煌人郭瑀创建。史书记载,东晋十六国时期的郭瑀,少时好学,节操超人,青年时从敦煌游学到张掖,拜师当时隐居在张掖东山的著名学者郭荷。郭荷尽传学业与郭瑀。郭瑀潜心攻读,精通经义,雅辩谈论,又多才艺、善文章。郭荷死后,郭瑀继承师业,到了临松薤谷(就是今天的马蹄山)开凿石窟、设馆讲学、著书立说,弟子千余人,著有《春秋墨说》《孝经综纬》等。

马蹄寺石窟最初为郭瑀及其弟子开凿,后人加以扩充,并塑像绘画,形成佛窟。

1. 南寺和北寺

马蹄寺石窟的南寺和北寺，一南一北遥遥相对，南寺又名胜果寺，北寺又名普观寺。南寺现存窟龛无几，多为浮雕及喇嘛式塔。北寺坐西朝东，有大小窟龛30多个，开凿于元代，明、清大规模重修，以第3窟结构特殊、规模最大。

马蹄寺石窟北寺外景

（1）三十三天——第3窟

马蹄寺第3窟，又名"三十三天"，元代建造。最高处距地面40多米，共有5层：第一、二、三层各平列开凿5个窟，第四层平列开凿3个窟，第五层开凿1个窟，共计19个窟。这5层为统一设计，合成一组建筑，整体来看，犹如一座宝塔。第五层南侧上方，另外开凿有两个洞窟半，但不是同时开凿，应与三十三天区分开来。

各洞窟的门外，原来都有木构窟檐建筑，现已损毁。各窟之间以石阶相连。窟形有两种，一种为平面为方形的人字披顶窟，另一种为平面为方形的覆斗顶窟。

每窟内正壁均开一大龛，各龛内坐佛像为后代塑像。四壁残存元、明时期的影塑千佛或壁画。

三十三天的建造设计独特，为国内石窟独有，价值较高。

（2）藏佛殿——第7窟

第7窟，又名"藏佛殿"，俗称"站佛殿"，为元代洞窟，经过明代及近现代重修。

洞窟平面纵长方形，由前室、绕道、主室等部分组成，进深33.5米，宽26.3米，高约15米。窟前凿有3个窟门。窟内有中心柱，中心柱正面开大龛形成主室，主室平顶。前室两侧开浅龛，龛内塑像不存，西壁残存明代绘金刚一身，头发上竖，面容愤怒，环眼圆睁，獠牙外露，举剑过头。主室西壁前砌坛，坛上塑像3身，已残毁，壁面凿圆拱形佛龛2排，每排3个，龛内塑像不存。龛内、外残存少许元、明时期壁画，其中一龛内存六拏具佛座残画。南壁东侧一身明代绘菩萨像，戴花冠，外披袈裟，双手合十而立，旁边绘一身多臂菩萨残像，一手拿绳索，一手持弓，一手执金刚铃。

环中心柱的绕道两侧壁并排开凿为数众多的浅龛，每龛内塑一身结跏趺坐佛，塑于元代，近代重妆。

第7窟的洞窟规模较大，形制特殊，在晚期石窟中少见，对研究晚期石窟的建筑形式具有重要的价值。

（3）马蹄殿——第8窟

第8窟又称"马蹄殿"，因窟内地面上有一马蹄印而得名，相传天马在此饮水而得马蹄印，现在是镇寺之宝。元代开凿，经过明代重修。

马蹄寺石窟马蹄殿内的马蹄印

洞窟平面近方形，窟内有"凹"字形中心塔柱。

中心塔柱东向面，前有佛坛，柱上开凿一圆拱形大佛龛，佛龛上方平列开凿3个圆拱形小龛，内塑现代喇嘛教塑像。

马蹄印迹位于窟内中心塔柱左前方。

南北壁各有7个圆拱佛龛，西

壁正中有一圆拱形大佛龛，两侧各有3个和南北相同的佛龛，龛内均为现代塑像。东壁门南、门北和中心塔柱正面龛外两侧的南北壁残存明代重绘的明王和供养人像等。

2. 金塔寺石窟

金塔寺石窟开凿于祁连山北麓的大都麻河西岸的红砂岩崖壁上，有东、西二窟，两窟相距不足10米。整个崖壁高约百米，石窟距地面约60米。原有小路顺山势盘旋而上，后新修一条陡峭的200多级的石梯直通洞窟。石窟最

金塔寺石窟外景

早开凿于十六国北凉时期，后经西夏、元代等时期重修，塑像大部分为北凉原作。

石窟所在地山谷幽深，林木茂盛，芳草如茵，溪水清澈，佛窟高耸绝壁，为禅修与礼佛的圣地。

（1）凌空悬塑的飞天——东窟

东窟位于崖面东侧，坐北朝南，开凿于十六国北凉时期，后期重修。窟室平面呈长方形，有中心塔柱，窟顶由中心柱周边向四面倾斜。因山崖崩塌，洞窟前半部早已损毁，中心塔柱几乎裸露于山崖边沿，后来立铁栅栏进行保护。

中心柱是这个洞窟的精华所在，中心柱四面的塑像精彩纷呈，有交脚、禅定、苦修佛像、胁侍、思维菩萨像等，最为吸引人的要数飞天像，凌空悬塑，

宛如仙子,从天而降,灵动无比。中心柱塑像布局大同小异,塑像各具特色,形神兼备。

①中心塔柱南向面

金塔寺东窟中心柱南向面中层菩萨

下层正中开一个圆拱形大龛,龛内塑一佛,结跏趺坐于莲台上;龛外两侧各塑1身胁侍菩萨,东侧1身已被毁;龛外上方两侧各有飞天3身,以龛楣为中心相向飞行。

中层并排开3个圆拱形浅龛,龛内各塑坐佛一身;龛之间及两侧上下塑胁侍菩萨;龛楣之间有散花菩萨,探出半身,戴宝冠,裸上身,蓝色帛带在胸前呈"U"形,耳珰、项圈、臂钏、手镯严饰,两手掌心拈花,左手掌心向上,手指前伸,右手手指向上,掌心向外;细眉、细眼、直鼻、小嘴,脸部清秀,俯瞰众生,熙怡微笑。

上层下排塑坐佛,上排塑菩萨,各有10身。

②中心塔柱西向面

下层正中开一个圆拱形大龛,龛内塑一佛,结跏趺坐于莲台上。龛外两侧各塑1身胁侍菩萨,龛两侧与胁侍菩萨之间还塑有小佛,但已残毁。龛上方两侧各塑飞天4身,相向飞行。飞天身体呈"V"形,脸颊朝下,神态专注,左臂屈于前,右臂舒于后,凌空飞翔,动作优美,若凌空仙子,轻捷灵动。

中层并排开3个圆拱形浅龛,龛内各塑一身坐佛,其中一身禅定佛像、一身交脚佛像,一身苦修像。龛侧塑菩萨与力士,龛楣之间有菩萨在莲中探出半身,手心拈花,作散花状。中、上层两侧各有一竖排塑像,下方三身为坐佛,最上方为一身俯首探身的散花菩萨。

金塔寺东窟的浮塑飞天

上层中部开一横长方形浅龛,龛内为清代补塑的五佛,佛之间有菩萨侍立。

金塔寺东窟的禅定佛及胁侍菩萨像

③中心塔柱北向面

下层正中开 1 个圆拱形大龛，龛内塑一身坐佛，结跏趺坐于莲台上。龛外两侧各塑 1 身比丘，佛龛与比丘之间下方各塑小力士 1 身，上方各塑小坐佛 1 身；龛楣上方两侧各塑飞天 3 身，相向飞行。

中层并排开 3 个圆拱形浅龛，龛内各塑一身坐佛。各龛之间分上下各塑坐佛 1 身，两侧上下各塑坐佛 2 身，共计有 12 身。

上层下排塑坐佛，上排塑菩萨，各有 10 身。

④中心塔柱东向面

下层开 1 个圆拱形大龛，龛内塑一佛，结跏趺坐于莲台上。龛外两侧各有一身胁侍菩萨；佛龛两侧与胁侍菩萨之间上下方各一身菩萨、一身小坐佛；龛楣上方两侧各塑飞天 3 身，其中一身已缺失，以龛楣为中心相向飞行。

中层每面并排开 3 个圆拱形浅龛，龛内各塑坐佛 1 身，中间一身为交脚像。各龛之间及两侧上下各塑菩萨 1 身，共计 8 身；两侧分上下各塑坐佛 1 身，计有 4 身。

上层下排塑坐佛 10 身，其中两身已缺失，上排塑菩萨 10 身。

东窟的壁画，现存于北、西、东三壁，壁画有 3 层，从裸露的现状看，各层均绘有千佛。窟顶四披平棋图案内绘坐佛和立佛。

（2）独具特色的彩塑——西窟

西窟位于崖面西侧，坐北朝南，开凿于十六国北凉时期，西夏、元、清等时期重修。窟内有中心塔柱，窟室平面呈长方形。与东窟一样，由于山崖崩塌，石窟前半部已损毁，中心塔柱几乎裸露于山崖边沿，现有铁栅栏进行防护。

中心塔柱四面，基座以上有 3 层。

①中心塔柱南向面

下层正中开一圆拱形大龛，龛内塑佛一身，龛外两侧各塑1身菩萨，现已残毁。

中层正中开一圆形浅龛，龛内塑坐佛1身，后世改为宗喀巴像，佛龛两侧上下各塑4身坐菩萨，其中有两身毁坏后在清代重修。

上层塑天宫菩萨一排7身，其中1身经清代重修。

②中心塔柱西向面

下层正中开一圆拱形大龛，龛内塑一佛，结跏趺坐于莲台上；龛两侧各塑一身胁侍菩萨，现仅存一身。

中层正中塑一身思维菩萨，两侧现存菩萨有6身，北侧上下排列塑菩萨4身，一身已毁，南侧有菩萨3身。思维菩萨头戴宝冠，裸上身，腰系红色长裙，右腿搭于左腿上，思维相坐于筌蹄上，两手残毁；饰耳珰、项圈、臂钏，绿色披帛披于肩部，从肘部外绕搭于身侧；细眉，杏目，红唇，面含微笑。

上层塑天宫菩萨1排8身，其中一身残毁。菩萨仅露出半身，裸上身，戴宝冠，披发于肩后，饰物严身，眉目清秀，丹唇微启，在天宫围栏中，身体前倾，姿态各异，似在聆听佛法、在凌空散花、在俯瞰众生。

金塔寺西窟西向面中层的思维菩萨像

金塔寺西窟北向面胁侍菩萨像

③中心塔柱北向面

下层正中开一圆拱形大龛，龛内塑一佛，已残；龛外两侧各塑一身立姿菩萨。龛外右侧塑有一身菩萨，脸形丰圆，上身斜披红色帔巾，下系黑色长裙，浓密的黑发披于脑后，并用红绳绑缚两道，两手残损，跣足立于莲台上。这身菩萨，从五官到发饰都具有北方民族风格。

中层正中塑交脚佛一身，两侧上面各塑2身菩萨，下面各塑2身比丘，均结跏趺坐。上层塑坐佛5身，两侧角上各有1身菩萨与东向面和西向面共有。

④中心塔柱东向面

下层开一圆拱形大，龛内塑一佛，结跏趺坐于莲台上；龛外两侧各塑胁侍菩萨。

中层正中塑佛1身，着通肩大衣，结跏趺坐；北侧上下各塑菩萨2身，南侧先上下塑菩萨各1身，然后再往南中部塑比丘1身，南北侧共计7身。上层塑坐佛1排5身。

窟室现存北、西、东三壁绘画有3层，各层均绘有千佛。北壁底层两侧中部有说法图，窟顶四披平棋图案内绘飞天和供养菩萨等。平棋内的飞天，整体身形用土红线勾勒，有头光，侧面而视，高鼻，斜披蓝绿色袒右袈裟，帛带裊裊绕臂，右手托香炉。

金塔寺西窟的持香炉飞天

3. 上、中、下观音洞石窟

上、中、下观音洞石窟位于金塔寺与马蹄寺之间,距金塔寺约4公里,距马蹄寺约10公里。石窟分布在3个不同山谷的红砂石崖壁上,上观音洞距中观音洞约3公里,中观音洞距下观音约0.5公里。

上观音洞,也称"观音洞上寺",现存窟龛10余个,有编号者9个。中观音洞现存窟龛10余个,有编号者8个。下观音洞

下观音洞外景

现存窟龛5个,有编号3个。

洞窟形制多为平面近方形或长方形,平顶。窟龛都已残毁,窟内遗迹均不存。附近崖壁上有元、明时期的舍利塔龛。

北魏始建、明代重修——下观音洞第1窟

下观音洞第1窟内景

下观音洞第1窟始建于北魏,壁画经后代重修。前室人字披顶,主室平面方形,中间为中心塔柱。中心柱方形,分为3层,底层须弥座,中、上层分别开龛塑像。龛内塑像已毁,上层壁画为明代所绘,主要绘密教内容。

下观音洞第1窟中心柱背面北魏伎乐壁画

伎乐双手于前持物,戴圆形大耳环,着圆领贴身天衣,臂挽飘带。古朴气息浓郁。

4. 千佛洞

千佛洞石窟位于马蹄河西岸的陡峭崖壁上,窟前地势开阔。现存窟龛依山崖形势自然分为南、中、北三段,南段包括第1、2、3、4窟;中段有第5、6、7、8窟;北段为浮雕舍利塔群,共87座。洞窟开凿于十六国北凉时期,经北魏、唐、元、明、清历代重修。

(1)立佛——第1窟

千佛洞第1窟位于千佛洞南段,坐西向东,开凿于北魏末至西魏初期。

窟内平面近方形，有中心塔柱，前部为人字披顶，中心柱左右及后部为券顶。

此窟中心柱正面开一个舟形大龛，龛内塑一身立佛，石胎泥塑，高4米，宽1.6米，螺髻，两耳垂肩，着红色通肩袈裟，衣纹为规整的"U"形，线条生动、流畅，左手残毁，右手下垂于身侧，足下方形佛台。龛内两侧下部各绘比丘1身。

中心塔柱其他三面未开龛，表层为花卉图案。中心柱南向面重层壁画，下部露出底层早期绘制的二排供养像，并残存榜题。

画面中共出现4身像，1身在上方，其余3身在下方一字排列。上方一身神祇眼睛细长，裸上身，斜披络腋，双手托盘作礼佛状。

千佛洞第1窟立佛像

地神有圆形头光，头冠前部为折叠多层的横条，后部为边缘镶嵌珠玉的半圆，横条两侧系缯带，缯带较长，垂于肩侧；长眼、细眉、直鼻，五官轮廓分明，两眼平视前方；耳垂圆形耳珰，手镯上装饰珠玉；上身着菱形衣，下着层层花瓣式喇叭裙；双手合十，胡跪礼佛。地神前有榜题："地神奉花供养。"地神身后是一男一女胡跪供养人像，榜题题于后方："诸梨车男女来供养。"男供养人束发，着蓝色圆领窄袖裹身衣，双手托一鱼鳞状花纹的大盘，胡跪在前；女供养人束发，修眉、细眼，显清秀，着红色、圆领、窄袖、束腰长衣，袖口短及肘部，双手托碗，

千佛洞第1窟的地神及梨车人供养像

碗内盛满点状食物。

这幅画中的地神与梨车人供养像地神供养像与敦煌壁画中的不同，显示出地神单独出现的供养形式。梨车是古代印度信仰佛教的一个部族，壁画中的供养人像非常珍贵。图像风格直接受到古代西域地区特别是龟兹石窟艺术的影响。

（2）十方佛——第2窟

第2窟位于窟区南段，北魏开凿，坐西向东，平面近方形，为中心柱窟。窟顶前部为人字披顶，中心柱左右及后部为券顶。中心塔柱方形，基座之上共有5层，自下而上，第一层每面各开一个圆拱形大龛，龛内塑坐佛，龛外两侧各塑一胁侍菩萨，龛楣两侧或塑龙首，或塑凤首，或塑卷草，龛楣顶部两侧各塑2~3身飞天；第二、三、四层每层各塑坐佛3身，两侧边缘塑化生童子一身或莲花一朵；第五层为最上层，绘十方佛，其中南向面十方佛像保存较好，佛像身旁还可见墨书题记。

窟内南、西、北壁壁画有4层之多，外层为明代重绘的佛、菩萨、罗汉等。

中心柱正面第一层，圆券形龛，龙首形龛梁，桃形龛楣，龛楣内条状线形花纹，龛内塑禅定佛，残毁严重，仅余轮廓，双手已残；龛外塑像不存，残存左侧莲台和固定塑像用的方形洞。龛外左、右上角各二身飞天，双双联袂而飞，造型优雅，姿态灵动。右上角飞天保存较好，裸上身，系长裙，手臂造型连贯、柔美。

中心柱正面第二层与第三层均塑坐佛像，三佛圆形头光，高肉髻，结跏、禅定并排而坐。中间一身着通肩袈裟，凹刻"U"形衣纹；两边坐佛则内着僧祇支，第二层右侧一身为蓝色格纹，外罩袒右袈裟，袈裟呈波浪状，显示出袈裟的薄软材质。第二层3身坐佛两侧应有菩萨塑像，可惜已毁坏。第三层两侧为影塑化生像，右侧保存完整，左侧仅存莲花。

第2窟中心柱南向面第五层上部绘十方佛，佛皆着通肩袈裟，每一身佛的右上侧有榜题框一方，题写各自的佛名，自左至右榜题分别是："……方明□……""西

千佛洞第2窟窟内中心柱

北方……""西南方宝施佛""东南方无□□",从榜题可知,此十方佛是据东晋佛陀跋陀罗译《佛说观佛三昧海经》绘制而成。此窟的十方佛与早期佛教禅观思想有关。

(3)二佛并坐与交脚弥勒菩萨——第8窟

第8窟位于窟区中段,坐西朝东,开凿于北魏,经西魏、元、明重修。洞窟平面近方形,平顶,有中心塔柱。中心塔柱四面,基座之上可分为4层。

东向面第一层四面开圆拱形龛,龛内塑像已被毁。龛内、外壁画残存佛、菩萨的身光、背光以及龛楣等,上绘飞天、坐佛、供养菩萨、花卉等,大部分被后代重描,失去原貌,但飞天与龛楣仍保持原画风格,龛楣上的龙鳞刻画细腻、形象逼真。第二、三、四层分别开浅龛,各塑1排5身坐佛,但均已残毁。

南向面第一层开圆拱形佛龛,龛内下部西魏绘释迦、多宝佛并坐说法,二佛两侧各绘一身胁侍菩萨,二佛上方居中绘一身交脚弥勒菩萨,龛内外绘千佛等。第二、三层绘有千佛、立佛等,壁画叠压多层,表层为元、明时期的绘画。中心柱的南向面壁画是这个洞窟保存最为

千佛洞第8窟交脚菩萨像

精彩的部分。

二佛与两侧的菩萨显现出秀骨清像风格,特别是两侧的菩萨更为明显。菩萨五官清秀,身材修长,戴宝冠,饰项圈,肩披红色帔巾,下系长裙,双手合十,跣足立于莲花上,一身面含微笑,一身端庄秀丽,清秀中透出娴静之态。上方的弥勒菩萨柳叶眉,丹凤眼,直鼻,小嘴,肤白,脸略显圆润,眉目间庄重又不失俏丽;身后圆形头光和背光,头戴宝冠,冠中饰硕大的红宝石,耳垂圆形耳珰,项饰项圈,璎珞缠身,斜披暗红色络腋,双臂深蓝色帛巾,腰系鲜艳的红色百褶裙;双手作说法印,交脚,脚下覆莲。佛、菩萨以红色为基调,间以绿色与蓝色,以黑色勾勒线条,画风唯美而典雅。

西向面下层开圆拱形佛龛,塑像已被毁,上部有元、明时期绘制的藏传壁画。

北向面下层开圆拱形佛龛,塑像已被毁。龛内、外残存头光、背光、龛楣等壁画,内绘飞天、坐佛、供养菩萨、花卉等。上方第二、三、四层分别开长方形浅龛,各塑1排5身坐佛,但均已残毁。

窟内南、北壁前部各凿一龛,南龛内残存一身坐佛的石胎,龛内、外残存头光、背光、龛楣等,内绘飞天、坐佛、菩萨、比丘、花卉等。

三、童子寺石窟

童子寺石窟外景

童子寺石窟，位于甘肃省张掖市民乐县民联乡翟寨子水库，距民乐县城约10公里，地处祁连山北麓，河西走廊中段，童子坝河从窟前流过。石窟开凿于童子坝水库北岸的砂质岩山崖上，现存洞窟9个，其中3个为北朝早期中心柱窟，窟与窟之间有暗洞，最早的洞窟建于北魏时期，有菩提洞、罗汉洞等特色洞窟。洞窟形制有中心柱窟、大佛殿窟等。壁画从北魏至明清时均有绘制，内容上显密俱全。

观无量寿经变——第1窟

第1窟开凿于西魏，坐东朝西，为中心柱窟，洞窟前部及中心柱前部已塌坏。中心柱坛基以上各开一龛，造像已被毁。窟内壁面残留壁画达5层之多，表层为清代画，其中有41幅《西游记》画，最下层为西魏壁画。

在洞窟北壁的西魏壁画中,居中一身站立的阿弥陀佛,身后有红色尖舟形背光,圆形黑色头光;高肉髻,脸部清秀,细眉,长目,红唇;身着圆领通肩袈裟,领部有蓝边装饰;头部微微前倾,睁双目,慈悯下视一旁的供养人。佛左侧两身供养人,一身着红色宽袖袍服,双手合十向佛而立;另一身跪在佛左下方,也穿红色宽袖袍服,双手合十。供养人前方有榜题"□□之人持戒□德乘□莲华见佛合掌往生时"。供养人身后是一身菩萨像,头戴宝冠,身披帔巾,左手托香炉。佛右侧一身弟子像,像前方有榜题"诸佛菩萨持金刚□□行人前……",像左下方有榜题:"上品□众修行□……"从榜题文字内容看,这幅壁画与《观无量寿经》有关,是信仰阿弥陀佛,愿往生西方极乐世界的反映。这铺壁画是国内现存最早的一铺观无量寿经变。

童子寺石窟第1窟中的观无量寿经变

四、天梯山石窟

　　天梯山石窟，位于甘肃省武威市中路乡灯山村，距武威市40多公里。武威，历史上亦名姑臧，也称凉州，位于河西走廊最东端，东接兰州。天梯山是一支从祁连山分离出来的小山脉，东南—西北方向，因山势陡峻，断崖如削，山有石阶，道路崎岖，形如悬梯，登临困难，故名"天梯山"。石窟建于天梯山西北麓，又名凉州石窟，俗名"大佛寺"。由于位于地震多发带，地震活动频繁，石窟破坏严重。据记载，明正统十三年（1448年）有洞窟26个，在1927年古浪大地震前有洞窟18个，大地震后，只剩下13个洞窟。后经清理发掘，现有编号石窟19个。

　　现存19个洞窟集中在南北长130米，高30~60米的岩壁间，可分为4层，有塑像43身、壁画300多平方米，标志性造像是大佛窟的大佛坐像。

　　天梯山石窟最早开凿于北凉沮渠蒙逊时期，后在北魏、西魏、北周、隋、唐、宋、西夏、元、明、清时期新建或者重修。沮渠蒙逊在凉州建立北凉政权，据有凉州20余载。他崇信佛教，在"州南百里"凿窟立像，曾为母造丈六石像在于山寺。

　　凉州石窟，是我国开凿最早的石窟之一，对中国石窟艺术影响很大，在石窟发展史上占有非常重要的地位。北魏灭北凉后，"太延中，凉州平，徙其国人于京邑，沙门佛事皆俱东，象教弥增矣"。昙曜和内迁的工匠们将北凉石窟艺术带到了北魏都城平城，直接影响了云冈石窟的开凿，后来又影响到洛阳的龙门石窟、巩县石窟等。

天梯山石窟外景

1958年为了黄羊河下游的农田灌溉问题，当时决定在天梯山石窟前修建黄羊河水库，为了避免洞窟受水淹之患，经甘肃省文化局与甘肃省委宣传部研究并报经甘肃省人民政府和文化部、文物局批准，由原敦煌文物研究所和甘肃省博物馆联合组成天梯山石窟勘察搬迁工作队，于1959年10月至1960年4月，对天梯山石窟所存状况及其所有文物，进行了全面细致的清理勘察、发掘、测绘、摄影、记录，同时对窟内所存各时代重要壁画、塑像进行剥离加固，并搬运到甘肃省博物馆内存放保管。同时还清理发掘了被1927年大地震毁坏和掩埋的5个早期石窟，并剥出了一批北凉、北魏、西魏、北周、隋、唐、西夏及元代的壁画。

蓄水后的水位并没有淹没石窟，与石窟还有一定距离，所以搬迁后的天梯山石窟，洞窟崖面与搬迁前基本一样，仍保留着原貌。部分洞窟还残留一些壁画、塑像底座、造像石胎以及窟龛与中心柱浮雕等。只有第13号大佛窟的下部曾在淹没区内，水位最高时大佛腹部以下浸入水中，后于1992年经围堰筑坝得到保护。2006年1月9日，526件文物回归武威，武威市组织专家对文物进行修复，准备在天梯山石窟原址陈列展出。

1. 大佛窟——第13窟

位于窟群的东南端,坐东北向西南。唐代初建,后经西夏、元、明、清、民国重修,是天梯山石窟现存窟中最大的一个。窟高30米,宽19米,深6米,从窟底到窟顶高27米,下大上小,下方上圆,窟口下宽18米,顶宽8米,窟外原有8层的窟檐建筑,但现已毁坏。

窟内现存一铺7身造像,为石胎泥塑,正中是倚坐大佛,高23.8米,大佛两侧各塑一身弟子、菩萨、天王像,高16米。所有造像虽经后代多次重修,但从中仍然感受到唐风气象。主尊佛倚坐,两耳垂肩,左手抚膝,右手上举作施无畏印,手指舒展向上,掌心向外,两眼平视前方,手脚四肢和头部明显具备早期形态,威武庄严,外表后期重修痕迹明显。

天梯山大佛窟

窟内的壁画脱落严重，仅残留一些后期重绘壁画。

2. 历代重修、壁画层叠——第1窟

位于窟群第三层西北端，坐东北朝向西南。洞窟最初开凿于北凉时期，在北魏、唐、西夏、元、明等时期重修。洞窟是一个平面方形、覆斗形顶的中心柱窟。

洞窟北壁不仅是第1窟内保存壁画层数最多，也是整个天梯山石窟内保存壁画层数最多的壁面之一，共保存了9层壁画，剥出了北凉、初唐、盛唐、西夏、元代等时期壁画和明代纸印千佛画。

中心柱由基座和3层塔体组成，共高5.3米。塔体下层、中层四面各开一圆拱形龛，上层四面各开两个竖长方形的圆形小龛。

中心柱西向面共有7层壁画，由里往外剥出北凉、北魏、盛唐、晚唐、西夏等时期的壁画和明代彩色纸印画，内容有佛、菩萨、飞天、千佛及背光、头光、莲蕾等。其中，塔体下层内剥出的彩绘身光和头光不仅保存完整，而且颜色亮丽、壁画精美。龛外两侧上部，各绘2身做"V"字形的飞天和一佛二菩萨等。

天梯山第1窟龛外飞天

天梯山第 1 窟东向面的供养菩萨

中心柱北向面剥出了北凉、初唐、晚唐、西夏、明代壁画和明代彩色纸印画，内容有佛、菩萨、飞天像及忍冬、三角纹等图案。在第二层龛外左侧下部紧靠龛边处，曾剥出北凉时期的残画：三瓣大莲苞和一身化生童子。

中心柱东向面曾剥出初唐、中唐、晚唐、西夏、明代等时期壁画和明代彩色纸印千佛。在基座上方右侧，曾剥出中唐壁画，上绘侧身向里伎乐天 2 身。伎乐天下半身虽被毁，但头光、花冠、脸面、手臂、飘带以及上半身的轮廓均十分清晰。用色华丽典雅，表情优美。靠里 1 身，左手托供器，右手举宝铃。外侧 1 身，双手向前平举，似作拍板状。紧靠中唐伎乐天的左侧，也曾剥出晚唐重绘的坐佛 3 身。

中心柱南向面基座靠左上部，曾剥出中唐绘壁画，左侧有伎乐天 2 身，靠里 1 身只存头部；另一身吹洞箫，仅存上半身，色彩明快，体形十分优美。在下层龛外左侧下部剥出 1 身非常完整而又十分清晰的供养菩萨，脸形较圆，头顶的丝带束发，蓬松大波浪形秀发披于肩上，双手合十侧身向里作胡跪状，富有印度女性的体形动态和神韵，周围有莲花装饰。

3. 优美的北凉菩萨——第 4 窟

第 4 窟位于窟群第二层,坐东北朝向西南。开凿于北凉时期,北魏、盛唐、中唐、西夏、元、明、清均有重修。窟室平面呈方形,覆斗形顶,中心柱窟。大部分已塌毁。中心柱由基座和 3 层塔体组成,上层已被毁,中、下层四面正中各开一圆形龛。

全窟共存彩塑佛像 8 身,分别在中心柱中、下层佛龛内。

第 4 窟中心柱是天梯山石窟中保存北凉壁画最集中的一处。中心柱西向面共剥出北凉、北魏、盛唐、中唐、西夏、元、明等时期的壁画 7 层。北凉壁画所绘的飞天、菩萨、帝释天、大梵天和忍冬莲花化生童子等,线描和赋彩都达到相当高的水平。在下层龛外左侧剥出的北魏立佛 1 身,是第 4 窟中所剥出的唯一一块比较清晰和完整的北魏壁画。

中心柱北向面共剥出北凉、中唐、元、清的壁画 4 层。其中在下层龛外右侧剥出的 1 身北凉菩萨高 0.86 米,是天梯山石窟中剥出

天梯山第 4 窟中心柱北向面菩萨

的一身最完整、最优美也最典型的北凉菩萨。菩萨头后有头光，高鼻长眼，颇有犍陀罗风格；披发，戴耳珰，饰项圈、臂钏、手镯，上身裸，肩披帛带，下系长裙；左手屈臂向前平伸，右手持净瓶垂于身侧，站姿优美，上方、左右遍布莲花。在中层龛外左侧下部，也剥出一身体形优美完好色泽鲜艳、线条刚劲的双手合十、作胡跪状的北凉菩萨。

一

炳灵寺石窟

炳灵寺石窟在地理位置上属于陇中石窟。陇中石窟还包括位于靖远县的寺儿湾石窟、法泉寺石窟，这两处石窟规模较小，可作为陇中石窟艺术的补充，而最为著名的是永靖炳灵寺石窟，属于世界文化遗产，是人类文化的瑰宝。

黄河之滨的石窟

炳灵寺石窟地处陇中大地、黄河之滨，位于甘肃省临夏回族自治州永靖县西南约40公里处的小积石山大寺沟。大寺沟是黄河的一条支流河系，石窟开凿在大寺沟入黄河河口处的崖壁上，崖面土红色，主要为红砂岩。石窟由上寺、下寺、洞沟等三大部分组成，下寺区除了石窟群，还包括野鸡沟、佛爷台、禅堂、大崖根等处。

炳灵寺北朝时称为唐述窟，是羌语"鬼窟"之意，唐代称灵岩寺，宋代开始称作炳灵寺。炳灵二字是藏语"仙巴炳灵"音译，意思为"十万尊弥勒佛居住的地方"，与通常所讲的"千佛""万佛"意义相同。

现存窟龛主要集中在下寺沟西岸南北长约350米、高30米的峭壁上，附近的佛爷台、洞沟、上寺等处也有零星窟龛分布，共有窟龛216个。造像有815身，以石像为多，泥塑较少，其中最大的唐代弥勒坐佛高27米，最小的雕像高10厘米。壁画约1000平方米，大部分为明代重绘，具有鲜明的艺术风格和突出的艺术价值，尤其是第169窟的西秦壁画，真实地反映了十六国时期西北地区人民的社会风貌、音乐舞蹈以及装饰艺术，为壁画中的珍品，重绘的壁画主要是藏传佛教的内容。

石窟创建于十六国时期的西秦，在北魏、北周、隋、唐、西夏、元、

炳灵寺石窟外景

明各代都有营造和重修，西秦、北魏、唐代和明代这四个时期，佛教最为兴盛，以唐代开窟、造像数量最多。西秦时期的石窟主要有第1、169、192、195窟，其中第169窟北壁的建弘元年（420年）的墨书题记及其周边的壁画和塑像，为我国早期石窟的断代提供了一把标尺，意义重大。

1. 第169窟的西秦佛教艺术

炳灵寺第169窟位于炳灵寺下寺北端崖壁，坐西朝东，高居于悬崖之上，洞口距坝面高60多米，是一座天然形成、不规则的窟龛，俗称"天桥南洞"。窟高14米，宽26.75米，深19米。窟内共有编号24个龛像，最早的建造年代不晚于西秦，现存的大部分造像和壁画年代在西秦建弘元年前后，北魏补塑了部分塑像，隋唐时期又补绘了部分壁画。

窟内现存造像共76身，其中石雕像1身，石胎泥塑像21身，泥塑54身。龛像没有统一的规划，多为背屏式，以第6、7、8、10、11、17、18龛为代表。窟内出现了国内最早的造像和壁画题材，如北壁第6龛的西秦建弘元年（420年）最早的造像纪年题记，以及龛内的无量寿佛、观世音、大势至菩萨造像，第10龛内画的维摩诘像，第11龛内释迦、多宝说法像等。

第169窟的窟龛主要修建于西秦时期，集中体现了西秦时期的佛教艺术，是这一时期最具有代表性的佛教艺术，同时，窟内的一些西秦供养人像具有很高史料价值，如"□国大禅师昙摩毗之像""法显供养之像"等。

十六国时期，随着佛教在中国的传

炳灵寺第169窟

播，在河西和长安形成两大佛教中心。位于这两大中心之间的西秦，就成为求法僧和禅僧们的重要中转站和活动地。西秦统治者们崇信佛教，不断延请高僧大德前来翻译佛经、弘扬禅法，甚至还把当时的禅僧玄高奉为国师。正是在这样的背景下，产生了炳灵寺的西秦佛教艺术。

（1）背屏式佛龛——第3龛

第3龛位于第169窟北壁二层台东侧岩角下，西秦时建造，是一个半圆形背屏式龛，高2.3米，宽23米，深0.65米。龛的制作方法比较特殊：先在崖壁上合适的地方凿眼，再搭上木板，之后在木板上编织藤条，再泥塑成浅龛。

龛内泥塑一佛、一菩萨、一金刚神，一铺3身。正中主尊佛，高肉髻，高鼻，两眼直视前方，肩部浑圆，穿红色贴体通肩袈裟，双手于腹前结禅定印，结跏趺坐于长方形佛台之上，像高1.35米。头光中彩绘化佛，身光外绘伎乐飞天。

佛右侧一身胁侍菩萨，面带微笑，头顶束发再披于脑后，上身裸，下系绿色长裙，左手上举执拂尘，右手握帛带，赤足立于圆台上。佛左侧为

炳灵寺第169窟第3龛说法图

执金刚神,露齿,颔下刻出髭须,头顶束发后披,左手叉于左胯,右手举金刚杵,上身着甲胄,下身系罗裙,威武站立在佛一旁,护持佛法。

龛内保存了多条重要的题记,如胁侍菩萨右侧的北朝墨书榜题:"大代延昌四年善鄯镇铠曹椽智南郡书干陈雷子等□窟□□""天水郡人康伏涣供养天宝十三载";佛右侧背屏上墨书:"秦州道人法通供养佛时"等。

(2)西秦建弘元年题记——第6龛

凿于西秦建弘元年(420年),位于北壁中层崖壁凹龛内,是平面呈半圆形的三瓣莲式背屏龛。

龛内泥塑一佛、二菩萨。正中主尊佛由东侧上方墨书的题名"无量寿佛"

可知，这身佛为西方无量寿佛。佛的面相方圆浑厚，高鼻梁，长眼，体格健壮；内穿僧祇支，上绘十字龟背纹，外披袈裟；结禅定印，结跏趺坐于覆莲座上。佛像高 1.55 米。佛头顶部绘华盖，彩绘头光、身光。头光内绘小坐佛；身光有四重，绘火焰纹、忍冬纹和波浪纹，第三重身光两边对称绘出 10 身伎乐天，分别持不同乐器，有腰鼓、箜篌、阮咸等乐器。

两侧胁侍菩萨均立于圆形覆莲之上，右胁侍菩萨左手上举持圆形物，右手下垂握飘带，题名"□观世音菩萨"；左胁侍菩萨右手上举于胸前持物，左手下垂握飘带，题名"得大势至菩萨"。无量寿佛与左、右胁侍观世音菩萨与得大势至菩萨组成一组西方三圣的组合。

大势至菩萨上方绘十方佛，上下两排，各 5 身佛像，每一身旁都有墨书题名。

大势至菩萨左手旁边绘一身站立的菩萨，头戴宝冠，肩披绿色披帛，墨书题名"弥勒菩萨"。弥勒菩萨左手旁边又有一身较为高大的立佛，身穿通肩袈裟，高 1.13 米，题名"释迦牟尼佛"。

弥勒菩萨和释迦牟尼佛下边绘供养人，能看出大体轮廓者共 8 人，供养人手持莲花或香炉，皆穿交领宽袖襦裙。有的可识读出墨书题名，其中左起第一为"凤兴弟盛兴之像"，第七为"清信女妾王之像"。

释迦牟尼佛左侧则为非常有名的造像发愿文，原文较长，现已多字不存，末尾题"建弘元年岁在玄枵三月二十四日造"之句，是国内现存最早的佛教石窟造像题记。建弘元年即公元 420 年，正当西秦乞伏炽磐统治时期。从题记可知，这个窟龛修建于公元 420 年的西秦。

榜题上方绘药王佛，药王佛下方绘一站立僧人，题名"沙弥僧集之像"。

榜题下方绘两排由僧人导引的供养人，全部侧身向佛而立，原有题名，其中可识读的有"□国大禅师昙摩毗之像""比丘道融之像"等。

昙摩毗又名昙无毗、昙摩蜱、法爱、法良，是从中印度来华的有名禅僧，

炳灵寺第 169 窟第 6 龛说法图

于公元 412—427 年之间活跃在西秦境内，曾在长安、洛阳、南京翻译佛经，后来又返回印度。隐居麦积山的高僧玄高当时率众拜昙摩毗为师："高乃欲以已率众，即从毗受法，旬日之中毗乃反启其志。"在返回印度、途经莫高窟时，在紧邻乐僔窟的旁边修建了一座洞窟，藏经洞遗书 P.2551 背面《李君莫高窟佛龛碑》中有这样的文字记载："次有法良禅师，从东届此，又于僔师窟侧，更即营建。伽兰之起，滥觞于二僧。"莫高窟的创建，先有乐僔，后有法良，法良即昙摩毗，是莫高窟的创建者之一。

（3）薄纱透体的立像——第 7 龛

位于第 6 龛东侧，建造于西秦，是一个依靠崖壁建成的泥塑莲瓣式背屏龛，残高 2.9 米，宽 1.65 米。

从残迹来看，立佛旁边还有一身立像，但已残损不全。佛两手残毁，露出塑造用的内部木桩，面露微笑，高肉髻，鼻梁高直，脸部方圆，肩部宽厚，细腰腿长；穿红色通肩袈裟，袈裟紧贴身体，衣纹阴刻呈"U"形，薄纱透体，两臂抬起，轻纱下垂，形成互相贴合的两绺波浪形边纹，虽是泥塑，却似丝绸的轻薄柔软。佛高2.3米，有彩绘的头光和身光，头光内绘千佛，身光内绘飞天，有一身飞天，裸上身，系长裙，帛带飞扬，双手捧上花盘。

炳灵寺第169窟第7龛立佛像

佛左下方壁面绘1身小坐佛，墨书题名"阿弥陀佛"。一身菩萨，题名"大势支（至）菩萨"。菩萨右侧绘两排女供养人像，身穿华丽宽袖汉服，面向菩萨持香炉或持花供养，有墨书题名，已模糊不清。

（4）说法图与维摩诘示疾像——第11龛

第11龛为壁画，绘于第7龛下方，西秦时的作品。壁画可以分为4层，自上而下分别是：

最上层绘2身立佛，佛右下方绘2身女供养人，梳高髻，穿交领裙襦，裙裾曳地。

中上层为佛说法图、飞天及供养人。一佛二菩萨说法图一铺。居中为一身坐佛，结跏趺坐于莲花座上，手结禅定印，着通肩袈裟；有圆形的头光，桃形的背光，头上有华盖；华盖旁一则题记："……造。"

佛两侧各一身菩萨，头顶均梳三瓣发髻，肩后披发，戴圆形耳珰，着青绿袒右袈裟，跣足立于青莲之上，上身微侧向佛，双手合十持花供养。佛左侧菩萨头侧有榜题"□（月）光菩萨"，佛右侧菩萨头侧榜题"华严菩萨"。华严菩萨头侧上部是一身双手持花幔的飞天，发型和菩萨一致，裸上身，臂挂帛带，下系长裙。

华严菩萨身后是一身僧人供养像，榜题为"……供养"，浓眉大眼，络腮胡子，穿黑色袒右袈裟，足蹬黑色、尖头短靴，左手执香炉，右手持香宝子，从相貌、着装来看，可能是一位来自西域的僧人。僧人像底层还有一身较矮小的女供养人像，被僧像遮盖一半，显然是重层壁画。

僧人身后又有3身女供养人像，均有榜题框，可惜字迹漫漶，无法识读。前2身像的额头、两腮饰花钿，云鬟钗髻，穿宽袖汉服，双手于腹前拢于袖中。最后一身梳双髻，穿褐色窄袖衣，下系竖条纹长裙。通过这几身供养人像的服饰，可以了解当时妇女的衣饰装扮。绘画线条遒劲，代表了当时的高超绘画水平。

炳灵寺第169窟第11龛说法图

中下层根据画面有三部分内容。西侧一组绘一佛、二菩萨说法图，其中西侧菩萨左上方有榜书题名"无量寿佛"，东侧菩萨上方有两榜题，其中一则不清，应是此菩萨的题名，一则为"无量寿佛"。中间一组绘一说法佛、结跏趺坐于覆莲上，墨书题名"无量寿佛"。东侧有一个长方形的帷帐，帐内绘两人，题名"维摩诘之像"和"侍者之像"。维摩诘卧于床上，有头光，头上圆形华盖，侍者侍立于旁。这是国内石窟中最早的维摩诘经变画。

下层画面有两部分。西侧绘一结跏趺坐佛。东侧在

炳灵寺第169窟第11龛维摩诘经变

维摩诘像正下方，有一座顶有三相轮的塔龛，塔龛内并坐二佛说法，二佛之间有墨书榜题："释迦牟尼佛、多宝佛说法时。"二佛下方还有数身供养人像。

（5）梵天劝请与法显供养像——第12龛

第12龛为壁画，西秦时绘制。主要内容为一佛、二菩萨说法图，周围绘有小立佛、小坐佛、飞天、供养人等。主尊佛居中，高肉髻，圆脸，眉毛、鼻子、眼睑处均涂成白色；佛内穿僧祇支，外罩深红色覆右肩袈裟，左手握袈裟一角，右手作说法印，结跏趺坐于覆瓣莲上；有圆形的头光和身光，身后上方是半圆形的花树。

佛左、右两侧各一身菩萨。佛左侧菩萨头戴宝冠，穿浅蓝色通肩袈裟，探出半身，赤足立于莲花上；佛右侧菩萨头戴宝冠，身穿浅蓝色露肩袈裟，双手合十，向佛而立。

佛右侧菩萨身后两身飞天，裸上身，下系长裙，一手持花盘，一手散花，

款款飞来。

佛右下方覆莲之上,侧身胡跪一人,高鼻深目,肩部袒露,身裹蓝色衣袍,长发于头顶结成发髻,余发拧成螺状披于肩部,双手合十,头后有火焰形头光。这身像是梵天,表现的是梵天劝请情节。佛在菩提树下成道后,自觉佛法深奥,担心世人无法理解,打算不为众生说法。这时梵天从天而降,向佛作礼,劝请佛为了悲悯、解救众生,为世人说法,于是佛应梵天之请,演说精妙佛法。

说法图上方残存11身结禅定印的小坐佛,旁皆有题记。小坐佛西侧绘有2身供养比丘,一身高鼻深目,双手合十,穿袒右白色袈裟,脚穿黑色鞋子,榜题为"法显供养之像";另一身双手合十,外罩绿色袒右袈裟,黑色鞋子,回首,双目下视,似在聆听,榜题"道听之像"。

中国历史上有一位有名的东晋僧人,名叫法显。他是中国第一位到海外取经求法的高僧,也是一名杰出的旅行家和翻译家。法显3岁出家,对佛法矢志不渝,但常常感叹于佛教律藏的残缺,所以发誓寻求戒律。公元399年,在法显65岁高龄时,他和同学慧景、道整等人从长安出发,经西域到达天竺,游历30多个国家,收集了大批梵文经典,前后历时14年,于公元412年由海路回国。他撰写的游历天竺的记传《法显传》,又名《佛国记》,流传至今,是现存佛教僧侣前往印度写的旅行记中最古

炳灵寺第169窟第12龛佛说法图

老的旅行纪实,记述了旅行途中的地理、交通、宗教、文化、物产、风俗,乃至社会发展、经济制度等等,对研究5世纪初的亚洲历史具有重要的史料价值。

壁画中题名为法显的供养人像,虽说现有争议,但有可能就是这位出使印度的法显。

第12龛的壁画保存较好,画面中的佛、菩萨、供养人等动作协调,布局灵活、自然,不拘泥于形式,充满了灵动,是佛教传入早期充满活力的表现。

(6)一佛一菩萨立像——第22龛

位于第169窟南壁中层西侧,西秦时建造,是一个莲瓣式的背屏龛,龛高2.3米,残宽1.8米,深0.5米。现存一身立佛与一身立菩萨像。佛像高肉髻,高鼻梁,面露微笑,内穿僧祇支,外穿偏袒袈裟,左手于胸前握衣边,右手执袈裟一角,贴体的袈裟和细腻的衣纹刻画出袈裟的材质,薄纱透体,轻如蝉翼。佛像有头光与身光,身光中装饰千佛与火焰纹。

菩萨头顶束髻,余发下披,裸上身,下系裙,帛带绕肩成波浪形垂于身两侧,双手合十,跣足立于覆莲上。

炳灵寺第169窟第22龛

炳灵寺石窟第169窟第23龛

（7）禅悦佛像——第23龛

第23龛位于南壁中层西端，西秦时期建造，是一个依崖壁敷泥做成的背屏式龛，塑像现有5身，全部为禅定佛。

坐佛面相方圆浑厚，脖颈较短，圆形肉髻，修眉、长眼、高鼻、厚唇，轮廓分明，两耳垂肩，肩较宽，体型浑圆，具有犍陀罗风格。佛穿红色、通肩袈裟，衣纹阴刻，双手结禅定印，两眼平视前方，内心平静而禅悦。

2. 炳灵寺北魏石窟艺术

北魏时期炳灵寺的石窟营建，在炳灵寺的营建史中占有很重要的地位。北魏延昌年间（512—515年）前后，在窟龛群中段有一次规模较大的开窟造像活动，这一时期开凿的窟龛现存38个，其中洞窟8个，浮雕浅龛30个。

第 2、16、125、126、128、132、188、189 等窟龛，均为这一时期的代表窟。窟形大多为平面呈方形或近方形的穹隆顶或覆斗顶窟，龛形多为小圆拱形浅龛，其中穹隆顶窟内西、南、北三壁多数有较低的佛坛，比较特殊的是第 184 窟，窟内有半中心塔柱。

这些窟龛有一个共同特点，即均以释迦、多宝佛为正壁主尊，两侧壁各一佛或分别雕一佛一交脚菩萨，组成一佛或三世佛的主题，造像雕琢细腻，呈秀骨清像。这一时期，洞窟中还出现了七佛造像、浮雕涅槃像等。第 125 龛的释迦、多宝二佛并坐石雕像，面带微笑，举手侃侃而谈，庄重中不失洒脱，刻画细微传神，将佛的说法与魏晋的清谈融合为一体，玄学风骨体现在佛教之中。

（1）卧佛——第 16 窟

第 16 窟原来位于石窟群南端最下层的睡佛院内，开凿于北魏晚期，唐、明时重修。

这个窟是依天然洞窟建成的摩崖大龛，高约 5 米，长约 11 米，前有长方形木结构窟檐。窟前筑围墙，形成一座院落。窟内有涅槃像一身，泥塑，长 8.6 米，肩高 1.8 米，佛床高 1.8 米。佛右胁而卧，面部长圆、颈细，身材修长、穿通肩红色袈裟，属于北魏晚期流行的清秀型。后代重修时，只对局部做了修改。在涅槃像后的地面上，均等地凿有 10 个柱孔，原来应该有支撑塑像的木柱，所以推测原涅槃像后还有弟子塑像。

1967 年第 16 窟内的塑像、壁画全部搬迁，1968 年刘家峡水库蓄水后原洞窟被淹，2001 年炳灵寺文物保护研究所在所址上新建卧佛殿，涅槃佛像被重新复原、安置。

（2）秀骨清像——第 132 窟

第 132 窟位于崖面下层，建于北魏，明代重新绘制壁画。洞窟坐西朝东，平面方形，覆斗顶，套斗式方形藻井正中浮雕莲花，莲花中有一身化生童子。

炳灵寺第132窟北壁交脚菩萨像

窟内南、西、北三壁建方形低坛。

正壁石雕释迦、多宝与二胁侍菩萨像。二佛面相清秀略呈方形，细眉，眼睛微睁下视，长颈，内着僧祇支，外罩"U"形领袈裟，褒衣博带，衣纹阴刻，半结跏趺坐于方形台上，衣服下摆厚重、衣褶密集，垂于座下。佛右侧菩萨戴花冠，脸部清秀，细眉，微睁双眼，嘴角上翘，颈细长，双肩披帔巾于腹前相交，右手置于胸前，左手下垂；左侧菩萨双手持莲蕾于胸前。

南壁石雕一佛、二菩萨像。佛半跏趺坐，右手作说法印，左手作降魔印。佛右侧菩萨右手置于胸前，左手提净瓶；左侧菩萨右手持花蕾于胸前，左手提璎珞。

北壁石雕一身交脚弥勒菩萨与二胁侍菩萨。弥勒菩萨面相清秀，戴莲花冠，帔巾披于双肩，下着罗裙，裙裾叠覆于座上。弥勒交脚而坐，脚下有一力士，蹲坐，举双臂，手托弥勒双足。弥勒右侧菩萨右手举于胸前，左手提璎珞；左侧菩萨右手平举胸前，左手下垂。

东壁门楣上刻一涅槃像，长约2.1米，首北面西，头枕高枕，右臂枕于胁下，右胁而卧，左臂平放于左腿上，手指过膝。头前一比丘伏地跪坐，以手抚枕，这身比丘应为弟子阿难。阿难身后有8身弟子，悲痛举哀。窟内壁画是明代绘制的藏传佛教内容。

（3）思维菩萨像——第 126 窟

第 126 窟位于崖面下层，坐西朝东，洞窟上方有明确的造窟纪年，可知石窟建于北魏延昌二年（513 年），窟主为曹子元。窟内总共有大小石雕像 115 身，壁画为明代重绘。窟顶为穹隆顶，平面近方形，具有圆拱形窟门。

窟内正壁释迦、多宝二佛及二胁侍菩萨像，石雕而成。二佛并坐，举手间，侃侃而谈，穿低垂的"U"形领袈裟，袈裟垂于佛座，层叠又厚重。二佛身后各一身胁侍菩萨，跣足而立，帔巾于胸前穿环而过，一手持莲蕾，一手持桃形器。

南壁石雕一佛、二胁侍菩萨。佛双手结禅定印，结跏趺坐。

北壁石雕一身交脚弥勒菩萨、二身胁侍菩萨。弥勒菩萨蛾眉、杏眼、鼻直，秀丽又不失庄重，束发戴莲花宝冠，肩披帔巾，交脚而坐，一身力士托菩萨双脚。弥勒右侧菩萨两手于胸前合十，掌心间一莲枝。

东壁门南北两侧上下分别开圆拱形小龛，龛内或雕一佛，或雕一身菩

炳灵寺第 126 窟正壁释迦、多宝佛

萨，或雕二身菩萨。

这个洞窟西、南、北壁的造像与相邻的同为延昌年间建造的洞窟相差不大，但与其他洞窟比较，胜在穹隆顶四披的雕塑。四披布满浮雕的佛、菩萨、弟子像等，这些尊像或坐或站，按上、中、下3层或者上、下两层分布，其中西壁上部正中有一组像

炳灵寺第126窟西壁上部浮雕思维菩萨像

比较醒目，是半圆雕而成的一身思维菩萨与一身供养人像。菩萨戴宝冠，眉目清秀，侧身正面，半跏而坐，右手支颐作思维状。菩萨前方莲花上胡跪一供养人，面向菩萨，双手捧博山炉供养。这一组圆雕明显高出其他浮雕，是为了突出思维菩萨与供养人的身份，立体效果极佳，浮雕千佛很好地起到背景与衬托作用。

最有史料价值的是洞窟上方的造窟发愿文题记。这方发愿文阴刻而成，原文是："大代延昌二年岁次癸巳六月甲申朔十五日戊戌，大夏郡武阳部郡，本国中政曹子元造窟一躯，仰为皇帝陛下、群僚百官、士众人民、七世父母、所生父母、六亲眷属，超生西方、妙乐回生、含生之类，普同福□。"正是由于这方题记的存在，让我们对此窟的建造时间、窟主、建窟的目的都有一个清楚的认识，也给其他相同艺术风格的洞窟提供了参照。

（4）释迦、多宝二佛并坐像——第128窟

位于崖面下层，坐西朝东，北魏时建窟造像，明代重绘壁画。洞窟为穹隆顶，正中有方形藻井，平面接近方形，窟门圆拱形，门两侧雕方形石柱，柱头上雕龙首莲花。

窟内正壁石雕释迦、多宝二佛并坐像以及胁侍菩萨2身。二坐佛面相清瘦，穿袈裟，褒衣博带。佛左侧菩萨面颊含笑，头戴莲花冠，肩披帔巾，左手提桃形器。

正壁上部开二小龛，内雕维摩诘居士与文殊菩萨像。维摩诘面容清瘦，手持麈尾，坐于帐内；文殊菩萨与维摩诘相对，坐于方形台座上。

南、北壁石雕一佛、二菩萨像。佛面相清瘦，穿褒衣博带式袈裟。菩萨身材修长，比例协调。北壁右侧菩萨上方开一浅龛，龛内雕出一坐姿菩萨，左侧还有一身菩萨在旁侍立。

东壁窟门上方有上下两层浮雕像。上层雕6身坐佛，双手结禅定印，下层由北向南依次雕有1身供养比丘、7身立佛、1身比丘、1身思维菩萨。思维菩萨半跏而坐，右手托腮作思维状，其前方的1身比丘脚踩莲花，右手持屈柄博山香炉，左手拈香，面对菩萨站立行香。门外两力士已风化，仅留痕迹。

壁画均为明代所作，基本被熏黑。窟顶方形藻井内画一欢喜佛，四壁为明代画密宗佛、四臂观音、宗喀巴、护法等形象。

3. 炳灵寺西魏、北周、隋代石窟艺术

西魏、北周和隋代的石窟在炳灵寺石窟保存下来的数量不多，但这一时期，在佛教艺术风格上有逐步的突破与创新，雕塑作品呈现出承前启后的风貌，继承与发展并举，创新与传统并存。

总体来说，西魏造像以"秀骨清像""刻削为仪"为主要特征，北周

造像的特征则是面形略方，肉髻较低、菩萨长颈。到了隋代，窟内造像面相则兼具清秀与方圆的特征，特别是第 8 窟的男女供养人，不仅服饰具有写实性且极具气韵，具有向初唐发展的过渡性特征。

（1）林间千佛图——第 6 窟

第 6 窟位于窟群南段，建于北周，坐西朝东。平面呈横长方形，平顶。窟内现存 3 身石雕像。

西壁开一浅龛，内雕 1 身坐佛，低肉髻，面短而圆，着通肩田相袈裟，双手结禅定印，半跏趺坐于一横长方形台座之上。佛左侧菩萨有火焰形头光，头戴莲花冠，肩披帔巾，于腹前打结交叉，下系长裙；左手持筒形香炉，右手食指与拇指捻一香丸，跣足立于圆台之上；身材修长，脸庞清秀，面露微笑，体现出魏晋时期的清秀风骨。佛右侧菩萨有火焰形头光，头戴莲花冠，衣饰与左侧相同，左手提念珠，右手提净瓶。

在洞窟南、北壁上方西侧对应绘出 7 身禅定佛。四壁画千佛 17 排，每一身佛之间以树间隔，共计有 746 身。千佛有桃形头光，袈裟有蓝、绿、紫三色，着三色袈裟的坐佛交错分布，与敦煌不同的是炳灵寺的千佛坐于树下，更有树下禅修的意境。四壁下部绘山林动物，其中有数只猴子在奔跑，可能表现的是猴王本生故事。

（2）虔诚的隋代女供养人像——第 8 窟

第 8 窟位于炳灵寺石窟窟群南段，建于隋代，是隋代洞窟的代表。洞窟平面略呈方形，平顶，内设佛坛。

窟内正壁佛坛上泥塑一佛、二弟子、二菩萨像。佛像螺髻，眉毛弯曲，面部短圆，着袒右袈裟，胸前有"卐"字符号，右臂残缺，左手置于膝上，结跏趺坐。佛右侧弟子阿难，着交领袈裟，左侧老弟子迦叶，穿"U"形领袈裟，脚下是六边形的莲台。左侧菩萨面相丰圆，双臂已被毁坏，肩披帔巾、衣裙重叠 3 层，这身菩萨造像比例适度，是隋代塑像之杰作。

窟内壁画为隋代原作。窟顶彩绘二重平棋，平棋井心画四重莲瓣，由莲四周辐射出6格，每格内用白色平涂一身裸体童子飞天。平棋顶以蓝白色为基调，画面素净淡雅。

正壁佛头光两侧彩绘佛十大弟子像，右侧4身，北侧6身。

南壁下部绘供养人两排，上排为男供养人，共11身，下排为女供养人，共15身。

炳灵寺第8窟南壁女供养人像

男供养人多戴黑色软角幞头，着圆领窄袖长袍，腰束带，足穿靴。供养人旁有竖书榜题，内容相同，皆为"□（清）□（信）□（佛）弟子一心供养"。女供养人发髻低平，身材修长，衣饰淡雅，多数内穿白色圆领窄袖衫，下穿齐胸蓝色襦裙，长裙下露出绿白相间的衬裙，长长的白色帔巾自双肩垂至膝部，双手合十持长茎莲枝。长茎莲枝上有一朵盛开的大莲花与两朵莲蕾，花茎自然弯曲高过供养人头顶，有如花盖，夸大的莲花大于供养人的头部，虔诚之心跃然壁上。

北壁下部菩萨塑像的右侧绘男女供养人两排。上排男供养人共10身，从现存题记文字看，皆为已亡故的人。下排女供养人共12身，服饰与南壁相同。

东壁门两侧绘维摩诘、文殊像。北侧维摩居士坐于方形台上，南侧文殊菩萨坐于帷帐内。

4. 炳灵寺唐代及以后石窟艺术

炳灵寺唐代佛教兴盛，开窟造像活动频繁，仅下寺开凿的窟龛就达134个之多。洞窟多为平顶，平面多作方形，造像多一铺7身，即一佛、二弟子、二菩萨、二天王的布局，个别仍保留有一佛、二菩萨，同时唐代还出现了一些大像，如第171窟的大佛造像，现已成为炳灵寺石窟艺术的代表。佛像题材多为阿弥陀佛、药师佛、观世音菩萨等。

风格上，初唐造像面相丰圆，但仍保留有前期的一些特征，以第91、92窟为代表。从盛唐前期开始，造像风格发生了明显变化，造像无论面相还是体形，呈丰满、圆润的造型特色，以第45、46、51、52、53、54等窟龛为代表。中晚唐时期，造像面部更显丰肥，面部下颌部近乎臃肿，表情也更加严肃。

唐代以后，炳灵寺石窟艺术总体上趋于衰落。宋、西夏、元、明各朝主要是重修、补塑、重绘前代窟龛，很少开凿新的窟龛。但在明代，藏传佛教在炳灵寺一度兴盛，窟龛中保存有大量明代绘制的密教内容壁画，有五方佛、十一面八臂观音、千手千眼观音、明王、上乐金刚等。在第3、4、70、128、132、144、168、172等较大的洞窟中有大面积的明代壁画，绘画风格强调线描，多勾勒、白描与平涂，以石绿、石蓝、朱红等色为主色调，显得典雅高贵。清同治年间，炳灵寺遭受了人为的破坏，许多窟龛中的塑像被毁。

（1）大佛——第171窟

第171窟位于下寺石窟群之北，建于唐开元年间（713—741年），明代重修，是一个摩崖大像龛，龛高约30米，像高27米。大佛倚坐，上半身石雕，下半身泥塑，螺髻，眉间有白毫，面相方圆，厚唇；内着僧祇支，双肩敷搭袈裟，左手于腹前，右手扶于膝上。

这身大像经过明代重修，根据明代正德十二年（1517年）《重修古刹灵岩寺碑记》记载，明代曾在大佛前修建了保护大像的九层楼阁，楼阁在清同治年间被毁。1967年曾清理出九层楼的柱础。

炳灵寺第171窟大佛像

（2）唐代塑像与明代密教壁画——第168窟

第168窟位于下寺石窟群北端崖面中层，在大像南侧，建于初、盛唐之际，明代重绘壁画，是一个穹隆顶，平面近方形的窟。

窟内西壁石雕造像一佛、二菩萨、二天王像。居中弥勒佛倚坐，高肉髻，左手抚膝，右手施无畏印。佛南侧弟子眉清目秀，左手持数珠，为少年弟子阿难。北侧弟子深目高鼻，双手合十而立，为老弟子迦叶。南、北侧菩萨游戏坐于束腰方形座上，一手持宝珠，一手抚膝。南侧天王保存完好，两眼圆瞪，八字胡，右手叉腰，左手握拳上举，跨立于须弥山形台座上。

窟内明代绘制壁画，属于藏传佛教内容，窟顶、正壁、北壁壁画脱落严重。

南壁在天王与菩萨塑像之间，绘制了多身密教神祇像。尊胜佛母像，通体白色，三面八臂，头戴宝冠，结跏趺坐于仰莲上。三面均为三眼，正面白色，左侧青色面，右侧愤怒绿色面。袒上身，下着短裙，耳环、项圈、臂钏、手镯、脚环、璎珞严身。右第一手于胸前持四色羯磨杵，第二手托小化佛，第三手持箭，第四手置右腿前施与愿印；左第一手忿怒拳印持罥索，

炳灵寺第168窟南壁尊胜佛母与白伞盖佛母像

第二手上扬作施无畏印，第三手执弓，第四手置左腿前持宝瓶。

密教认为，供奉尊胜佛母并持诵其真言，可得长寿，净除业障，消除疾病。《净除业障经》说："若有短命众生，欲求长寿者，于白月十五日，洗浴清净，著新净服，斋戒一心，诵是陀罗尼满一千八十遍，令短命者，还得长寿，一切业障，悉皆消灭。"

白伞盖佛母像，通体白色，头微向右侧，结跏趺坐于仰莲上，头戴花冠，袒上身，下着红色短裙，戴耳环、项圈、臂钏、手镯、脚环、璎珞严身，左手于胸前持伞盖，右手置于膝上掌心向外作施无畏印。佛母手持的白伞盖是八宝之一，据说能护国安民、镇妖伏魔。

明王像，头戴三叶宝冠，头发上竖，三眼，张嘴露齿，通体绿色，戴耳环、项圈、臂钏、手镯等，腰系虎皮，左手于胸前食指上举作期克印，右手横举长柄羯魔杵过头顶，左展立于覆莲台上。

（3）唐仪凤三年造像——第64窟

第64窟位于下寺石窟群中段，建于盛唐前期，是一个中小型佛龛。

龛内石雕一立佛、二菩萨、二天王。佛高肉髻，面相丰圆，着袒右式袈裟。左右两侧菩萨身体呈"S"形，赤足立于半圆形莲台上。左右两侧天王像头部被毁，上着甲胄，两足立于小鬼肩上。

第64龛上部岩壁上刻有一方摩崖碑刻，碑刻刻文显示是在唐高宗仪凤三年（678年）篆刻，张楚金撰写碑文。

（4）蔡如仙造弥勒龛——第29龛

第29龛盛唐开凿。平面马蹄形，平顶，有尖拱龛楣。窟顶以红色绘云气纹，龛壁的塑像之间花木扶疏，典雅有致。

龛内佛坛上石雕一佛、二弟子、二菩萨像，龛外两侧各开一浅龛，龛内浮雕一身天王像。主尊为倚坐的弥勒佛像，脸圆，穿袈裟，右手抚膝，左手托钵，脚下有莲台，身后有浮雕的桃形头光和身光。佛左侧为高鼻深目、紧锁眉头的弟子迦叶，右侧为圆脸的弟子阿难，两身像均跣足而立。外侧是两身菩萨像，一身头残毁，一身右臂略残，下身系贴体长裙，身材苗条成"S"形站姿。南侧菩萨左手持莲蕾，右手提净瓶。

龛外两侧的两身天王威武有力。北侧天王梳高髻，环眼圆睁，身穿铠甲，足穿长靴，左手叉腰，右手上举须弥山，脚踩人首狗爪的一身怪兽。南侧天王梳高髻，穿铠甲、长靴，右手握长剑，脚踩猪首人身的一身怪兽。

龛外南侧的龛边阴刻有题记一条："佛弟子蔡如仙为亡父母敬造弥勒一龛。"可知此龛为蔡如仙父母祈福所建，愿亡父母能往生兜率天宫，值遇弥勒。

（5）石塔和明代密教壁画——第3窟

位于炳灵寺窟区最南部，坐西朝东，盛唐开凿，平面方形，平顶，明代重绘壁画，窟内南壁上、下各开一个半圆形龛。

窟内正中唐代雕造方形石塔一座，由塔刹、塔身、塔基组成，塔高2.23米，塔基宽1.40米。塔刹刹心为覆钵，周围山花蕉叶；塔身顶部仿木构，四披有瓦垄，相交处有屋脊，檐下有斗拱；塔身正面凿一方形深龛，龛内下方正中有一地宫；塔基正面凿10级台阶。

炳灵寺第 3 窟的石塔

塔正面龛外绘坐佛菩萨等；左壁居中绘普贤菩萨骑乘六牙白象，周围千佛环绕；右壁绘文殊菩萨骑狮，于阗王牵狮，善财童子在前礼拜，佛陀波利见圣老人等，周围千佛环绕；后壁绘水月观音，观音游戏坐于岩石之上，身后祥云、翠竹陪衬，座下有水中莲花，右侧侍立一身持剑童子，左下侧有一身俗人，一身比丘，周围千佛环绕。

唐代窟内建塔的情况比较少见，而且这个窟内的塔是石雕仿木构，反映了唐代木构建筑的真实情况，非常珍贵。

南壁下层龛内有马蹄形佛坛，坛上现有石雕一佛二菩萨像，二弟子像已不存，只留下两个方形内凹桩孔。佛高肉髻，脸形丰圆，左手抚于膝上，右手托钵于胸前，倚坐，脚下莲花托足。佛左侧菩萨发髻略残。右侧菩萨圆脸、红唇，梳高高的云髻，左手托钵，右手提帛带，赤足立于莲台之上。

上层龛较小，龛内雕一佛二弟子、二菩萨像，5身像跻身于一龛之中，脸形丰圆，特别是佛右侧的弟子阿难，脸部饱满而圆润，左侧的迦叶也少了些许的皱纹，充分体现了大唐以胖为美的特征。

洞窟壁画面积达40平方米，均为明代彩绘。窟顶壁画大部分脱落；南壁绘三面十二臂菩萨、四面十二臂菩萨、明王、十一面观音等；西壁绘净土变，罗汉等；北壁绘药师经变、文殊菩萨等；东壁绘明王像等。

南壁上下两龛之间绘有两身菩萨像。东侧一身，四面十二臂，结跏趺坐于覆莲上，头戴花冠，卷发披于肩两侧，三眼，佩璎珞，裸上身，肩披

炳灵寺第3窟南壁上、下龛之间的菩萨

绿色帔巾，下系长裙，当胸右第一手手持三珠火焰宝珠，剩余五手依次持三角形铲、镜、金刚杵、箭、长剑；左第一手手心向上作与愿印，其余手依次持金刚杵、罥索、三股叉、弓、金刚铃。西侧一身，两臂半跏而坐，通体绿色，头戴宝冠，宝缯向两侧飞扬，卷发披于肩两侧，戴耳珰，佩项饰，裸上身，披白色帔巾，腰系短裙，两手持长茎莲花，左手当胸，右手置于膝上，坐姿优美。两身菩萨用色清淡、雅致，线条流畅，刻画细腻，是明代壁画中的上乘之作。

一 麦积山石窟

麦积山石窟从地域上属于陇东南石窟，其附近还分布有罗汉崖造像和仙人崖石窟。石窟规模较大，各个时代均形成自己的鲜明特色，自成体系，在世界艺术史特别是雕塑史上占有重要地位，属于世界文化遗产，因而独立成篇。

陇上江南、烟雨麦积山

麦积山，又名"麦积崖"，位于天水市东南45公里的秦岭山系小陇山支脉的一座孤峰上，山峰相对高度142米，东、南、西三面为悬崖峭壁，四周林木茂密。石窟开凿于距地20~80米的峭壁之上，窟龛之间用10余层的栈道相连，远眺十分壮观。

天水古属雍州，曹魏黄初元年（220年），以陇右为秦非子故地而始设置秦州，但不久后又撤并入雍州。西晋泰始五年（269年），西晋王朝为分割陇右氐羌等北方胡族，再次析雍、凉之地而设"秦州"，并延续下来。

五代时期，天水人王仁裕写了一本笔记小说《玉堂闲话》，书中有关于麦积山的记载，但在宋元之际书已经亡佚，有幸的是宋代李昉、扈蒙等人编纂的《太平广记》引用了这段文字而被保存下来："麦积山者，北跨清渭，南渐两当，五百里岗峦，麦积处其半，崛起一石块，高百万寻，望之团团，如民间积麦之状，故有此名。其青云之半，峭壁之间，镌石成佛，万龛千室，虽自人力，疑其神功。"因为形状像麦垛，所以自古就将此山称为麦积山。其山形奇特、林泉雅致、风景优美，自古既有"秦地林泉之冠"的美誉，是陇右著名的禅修之地。十六国西秦时期，关中高僧玄高即率徒隐居麦积山，与秦地高僧昙弘等百余人在此修习禅法。

唐代大诗人杜甫因躲避战乱曾暂居于麦积山附近的甘泉镇西枝村,于乾元二年(759年)游历麦积山,并作《山寺》一首:"野寺残僧少,山园细路高。麝香眠石竹,鹦鹉啄金桃。乱石通人过,悬崖置屋牢。上方重阁晚,百里见秋毫。"生活在唐代由盛转衰时期的诗人,写这首诗时,正值安史之乱,可能是受到战乱的影响,麦积山僧人稀少,但上方重阁依旧,登上重阁,放眼望去,满目苍翠,山峦层层,夕阳无限好。更有王仁裕在唐末辛未年题诗于天堂窟西壁:"蹑尽悬空万仞梯,等闲身共白云齐。檐前下视群山小,堂上平分落日低。绝顶路危人少到,古岩松健鹤频栖。天边为要留名姓,拂石殷勤身自题。"清代天水诗人吴西川也留下了赞美麦积山的佳作:"麦积峰千丈,凭空欲上天。最宜秋雨后,兼爱暮时烟。境胜端由险,梯危若未连。钟声落何处,遥想在层巅。"麦积山一带,气候宜人,湿润多雨,使得植被茂盛,恍若到了江南,尤其是在秋雨后的傍晚,烟云缭绕,笼罩麦积山,周围群峰,云涛雾海,仿佛仙境。栈道临崖险危,古寺钟声传来,回荡在山巅。如此佳境,引来无数文人佳士流连驻足、赋诗歌咏,无疑更是隐居、修禅、建窟的理想选择。

麦积山石窟外景

麦积山石窟及寺院建造年代较早,唐代僧人道世撰写的《法苑珠林》有这样的记载:"秦州麦积崖佛殿下舍利,山神藏之,此寺周穆王所造,名曰灵安寺,经四十年当有人出。"将麦积山的初建附会为周穆王时，时间上与佛教传入时间不相符。麦积山石窟东崖第3窟和第4窟之间崖面上有一方南宋绍兴二年（1132年）的题记："麦积山阁胜迹，始建于姚秦，成于元魏，约七百年，四郡名显。绍兴二年，岁在壬子，兵火毁□，至十三年，尽境安宁，重修在造。二十七年丁丑，方就绪。此□因□迹□□，阁桂才刻石以记之。"据题记，麦积山始建于十六国时期的后秦，时间上比较可信。

麦积山石窟历经后秦、北魏、西魏、北周、隋、唐、五代、宋、元、明、清等各个时期持续开凿和修缮，其主要窟龛和造像均完成于初唐以前，两宋以后则以修缮和补塑为主。约在隋唐之际，秦州地区持续发生大规模地震，尤以唐开元二十二年（734年）地震影响最大，麦积山石窟南崖在此期间坍塌，部分窟龛消失或受损严重，崖面亦分为东、西两部分。现存大小窟龛221个，各类造像3938件10632身，壁画约1000平方米。从窟龛形制、造像题材、艺术风格等方面综合分析，现存最早开凿的窟龛为西崖中下部第74、78、90、165等窟，其时间大致在北魏文成帝复法前后，即公元465年左右。目前能看到的最早的、也是唯一的开窟造像的题记洞窟是位于西上区第115窟，龛内正壁佛座上有北魏景明三年（502年）张元伯造像墨书题记。

麦积山石窟由于岩体石质粗糙，不宜精雕细凿。因而造像以泥塑为主，题材主要有佛、菩萨、弟子、天王、力士、飞天、供养人等，无论是高达16米的石胎摩崖造像，还是高仅10余厘米的影塑造像，无不凝聚着古代雕塑艺术之美，而且各个时代的塑像特色鲜明，特别是北朝各个时期的雕塑作品，塑作技艺精湛，形神兼备，具有浓厚的民族化、世俗化特征，代表了北朝泥塑艺术的最高水平，反映了北朝佛教的发展与兴盛，更体现了当时艺术创作者的聪明才智与高度成就。可以说麦积山石窟的泥塑造像系统完整地反映出中国泥塑造像艺术的发展和演变过程，对于了解、把握当时中国佛教艺术的发展状况及其规律具有十分重要的意义，被誉为"东方雕塑陈列馆"。

由于地处潮湿多雨的秦岭山区，麦积山石窟壁画残损严重，现存较少。但以西魏第 127、135 窟，北周第 26、27 窟等为代表的涅槃经变、维摩诘变、西方净土变、地狱经变、法华经变、睒子本生、萨埵那本生等是目前我国石窟寺中保存最早的北朝大型经变和本生故事画，也是研究佛教经变和本生画形成及演变的十分珍贵的资料。

麦积山石窟历史上栈道为木质，年久失修，多已残毁，许多洞窟无法通达。新中国成立后，1953 年 9 月正式设立文物保护机构，石窟寺的保护、管理、研究等工作始走上正轨。1984 年，由国家文物局投巨资，先后耗时 8 年的麦积山石窟山体加固工程正式竣工，原有木质栈道全部更换为钢筋混凝土栈道，崖体及文物安全得到了保障。

1. 麦积山北魏石窟艺术

麦积山北朝石窟可以分为北魏、西魏、北周三个时期，其中北魏又可分为早、中、晚三个阶段。北魏早期窟龛形制和造像受云冈和长安地区的影响较大，现存有 20 多个洞窟，主要分布于西崖中下部，有第 51、70、71、74、77、78、80、90、100、128、143、144、148、165 等窟龛，造像题材主要有三佛，交脚弥勒，半跏思维菩萨，一佛二菩萨，释迦、多宝并坐像等。这一阶段后期造像较多受中原地区造像因素影响，在菩萨尊像上出现秀骨清像特征，但在主尊佛造像上仍然保留着早期造像特点。

北魏中期窟龛以平面方形平顶窟居多，窟内造像题材以三壁三佛为主，单辅造像以一佛二菩萨居多，这一时期开始出现胁侍弟子和影塑造像，造像风格有明显的从高大雄健向清秀飘逸过渡的时代特征，代表性窟龛主要有第 23、76、89、93、115、155、156 等窟。第 115 窟有题写于北魏景明三年（502年）的墨书造像发愿文，是判断这一组洞窟年代的重要依据。

北魏晚期石窟艺术已完全转变为褒衣博带和秀骨清像，代表性窟龛有第121、133、122、87、154、163、131、132、110、142、139等窟，其中以中小窟龛居多，形制上主要延续北魏中期以来流行的平面方形平顶窟，窟内多为三壁三龛。小型龛形制较为丰富，有平顶、圆拱顶、方拱顶，平面方形或者近半圆形，龛内多塑一佛二菩萨或一佛二弟子像。这一时期的塑像除了前期流行的题材外，新出现有螺髻梵王、力士像。影塑造像不仅数量众多，而且塑作精美，内容丰富，有佛、菩萨、弟子、飞天、供养人等。"褒衣博带"和"秀骨清像"已成为时代主流。壁画残损较多，保存较好者有第110窟前壁上方的观世音经·普门品以及154窟的接引菩萨与飞天，但多数为伎乐天、化佛、莲花以及佛说法图等装饰性图案。

（1）早期石窟的代表——第74窟

第74窟位于西崖下部。窟内平面近似长方形、敞口、拱顶，正壁与侧壁之间成弧形转角，三个壁面的佛台上各塑佛一身，结跏趺坐，双手结禅定印。正壁佛两侧各有一身胁侍菩萨，佛高2.86米，左、右侧菩萨高2.62米。正壁两侧上方凿有小龛，左龛内塑思维菩萨及二胁侍菩萨，右龛内塑交脚弥勒菩萨及二胁侍菩萨。

3身坐佛都有着圆形的肉髻，髻上水波纹，宽额头，双眼平视前方，鼻梁高挺，直通额际，薄而紧闭的嘴唇，内敛又微翘的嘴角，粗短的颈项，宽而平的双肩，上身呈倒三角形，身躯健壮；内着僧祇支，外披偏衫式袈裟，细密的阴刻衣纹线，具有明显的犍陀罗造像因素。

胁侍菩萨戴三珠宝冠，发辫于两侧打结后分三缕垂于肩上；面形方圆，眼睛突出，鼻高且直，双唇较薄，嘴角微翘；戴耳饰、桃形项圈、臂钏、手环等饰物；斜披帔巾，帛带自双肩绕臂后浮塑于墙面，下身系羊肠裙，一手持净瓶或者手握帛带，另一手持莲蕾，赤足立于莲台上。

第74窟开凿于北魏早期，窟内塑像是麦积山早期造像的代表。佛像高大魁梧，神情古朴安详，衣纹稠密，西域风明显；菩萨像则身体扁平，表情静穆，法相慈悲。

（2）张元伯造像题记——第115窟

第115窟位于西崖中上层。正壁主尊结跏趺坐于金刚宝座之上，左右两壁各一身菩萨侍立于莲台。佛像脸形圆润，五官分明，身材匀称，两手残毁，穿偏衫式袈裟，衣纹阴刻，线条流畅，表现出了袈裟的垂感与细腻的质地。两侧壁的胁侍菩萨半圆塑，身体紧贴墙壁，头戴宝冠，帔巾自肩而下绕臂后贴于墙壁，身材修长，左侧菩萨左手提净瓶。佛座前有墨书铭记有"唯大代景明三年九月十五日，台逢上邽镇寺□张元伯稽首，白常住三宝：今在此麦积山□□□□□为菩萨造石室一区，愿三宝兴□，法轮常转，众僧□□，天所□□，右愿国祚永昌，万代不绝，八方偻负"等语。

这方铭记刻于北魏的景明三年（502年），是麦积山最早的、也是唯一的一方造窟题记，具有很高的史料价值。

（3）仇池镇供养人——第78窟

第78窟位于西崖中下部，与第74窟毗邻，两窟的洞窟形制、大小以及壁面布局、造像组合相同，作为"双窟"而开凿。

窟内三壁佛台上各塑一身坐佛，两身胁侍菩萨侍立于正壁佛的两侧。佛像高3米，正壁和右壁的保存较好。三佛塑像均结跏趺坐，高肉髻，两耳垂肩，面相丰满，表情刚毅；着袒右偏衫式袈裟，衣纹阴刻，线条流畅而细密，体现出轻薄质感。正壁主尊屈右臂，右手上举作施无畏印，左手残。右壁佛双手结禅定印，双目微启，进入修行禅定状态。佛像躯体伟岸挺拔，与云冈石窟造像艺术相似。

最有特色的是右壁佛坛下发现了北魏供养人画像，旁边还有榜题文字。借助于这些文字，我们可以判断这个洞窟的建造年代以及出资建窟人。画像被后代重修的泥层覆盖，在 1965 年时被清理剥出。男供养人像上下排列，共有 16 身，身高 0.23 米，头戴黑色巾帻，巾角垂肩，上身穿交领窄袖衣，腰部束带，下穿宽腿束口裤，脚下尖头黑色鞋子，双手持莲蕾，全部面向主尊佛虔诚而立。每身供养人像前都有一方竖条形榜题框，其中一身题名是"仇池镇……□（经）生王□□供养十方诸佛时"，从他们的服饰来看，交领、窄袖，是典型的北魏太和改制之前的鲜卑胡服。历史上，仇池镇的设置，

麦积山石窟第 78 窟坐佛

在北魏太平真君七年至太和十二年（446—488 年），所以第 78 窟的建造年代就在这一段时间之间。

仇池镇位置于今天的甘肃西和县西南洛峪镇，北魏太平真君七年（446 年）时改仇池郡为仇池镇，在太和十二年（488 年）又恢复为仇池郡。历史上，在今天的甘肃东南部的西和县、成县、文县这一地带，曾经建有仇池国，有前仇池政权（296—371 年）和后仇池政权（385—443 年）之别，建立仇池政权的杨氏家族本是氐族人，是一个少数民族政权。

麦积山第78窟佛坛下仇池镇供养人像

（4）"窃窃私语"——第121窟

第121窟位于麦积山西崖上部。洞窟平面方形，具有覆斗形藻井，地面下凹。窟内三壁各开一个圆拱形龛，龛外有浮塑的莲瓣形龛楣。每龛内各塑一身坐佛，其中正壁主尊佛塑像表层经宋代重修，内层北魏塑像保存完好。佛身高1米，面形方圆，肉髻低平，内着僧祇支，腰间束带，外披通肩袈裟，结跏趺坐于须弥座上。佛座前两侧各塑一身弟子，内着僧祇支，外披袈裟，长裙及地，足蹬云头履。面容稚嫩、恬静含笑，仿佛在安详地聆听佛说法。龛内左、右壁上方各并列悬塑5身听法弟子，现存8身，身高0.34米，有的高鼻深目，有的眉清目秀；有的老成持重，有的年轻悦达；有的虔诚睿智，有的聪慧恭谨，神态各异。

左、右壁龛内主尊佛及门壁两侧力士头像均为宋代重塑。其中前壁两侧各一身力士，束发戴冠。左侧力士张口露牙，怒目圆睁，袒胸露臂，下系长裙，帔巾披于双肩，下垂相交后搭于双臂，左手挂杵，右手已残缺。右侧力士头微右扭，眉棱高隆，怒目下视，双唇紧闭，身穿宽袖大衣，外罩铠甲，双手下垂隐于袖内。

窟内塑像最为精彩、也最为有名的是正壁龛外两侧的4身胁侍造像，两两成组，分立于左右莲台之上。其中左侧为菩萨和螺髻大梵天，右侧为

正壁龛外左侧塑像　　　　　　　正壁龛外右侧塑像

弟子和胁侍菩萨组合，均为北魏原作。左侧造像身高 1.25 米，菩萨梳扇形高髻，着交领长衫，腰束带，帔巾披于双肩，下垂后搭于双臂，左手已失，右手握莲蕾，足蹬云头履。螺髻梵王外披卷边开襟衣，腰系长裙，足蹬云头履，双手合十。

右侧两身造像高 1.2 米左右，弟子双手合十，下着长裙，外罩卷边开襟衣。两组塑像均体态修长，面容清秀，系典型的"秀骨清像"作品。每一组都上身微微前倾，头略低俯，面带微笑，相互靠近，形成交头接耳、亲昵欢悦的生动形象，俗称"窃窃私语"。古代匠师精心塑造，捕捉到听法者听法时心领神会的瞬间表情，内容和形式达到了完美统一。

（5）碑洞——第133窟

第133窟，又称"万佛洞"或"碑洞"，位于西崖中部，五代王仁裕著《玉堂闲话》称之为"万菩萨堂"，是西崖三大洞窟中最大的洞窟，窟宽12.2米、高5.8米、进深10.83米。窟内甬道上方悬挂题名为"极乐堂"的木制匾额一块，明万历四十一年（1613年）立。窟内结构复杂，复室叠龛。前部为平面横长方形前室，后面有未完工的平面竖长方形二后室。窟内开凿佛龛16个，多作平拱形，高0.8~2米。壁面原贴满影塑小千佛，但多已脱落。窟内现存后世移入的造像碑18块，故而得名"碑洞"，其中最著名的有北魏第10号佛传故事碑，北魏第1号千佛碑，西魏第11、16号佛说法图造像碑等。

麦积山石窟第133窟第3龛造像

窟内第3龛主尊坐佛高肉髻，结跏趺坐，外披袈裟，衣角搭于左臂，衣摆呈花瓣式垂覆座前。佛与菩萨均细颈削肩，身躯修长，为典型的"秀骨清像"，敷彩犹存，特别是菩萨眉目含笑，姿态优美，亭亭玉立。

第9龛内右壁外侧胁侍弟子像高0.87米，内穿僧祇支，外罩双领下垂式宽大厚重的袈裟，袈裟一角搭于左臂，衣摆曳地，衣纹阴刻。弟子身体略微前倾，五官清秀俊朗，面含微笑，身材匀称，左手牵着衣角，右臂上屈，右手已缺失，刻画出一位天真而聪慧的翩翩少年形象。

2. 麦积山西魏石窟艺术

宋《秦州雄武军陇城县第六瑞应寺舍利记》载："昔元魏大统元年，再修崖阁，重兴寺宇。"西魏建国，定都长安，在经历北魏末年的关陇莫折大提父子起义的动荡之后，麦积山石窟再次迎来开窟造像的高峰。尤其引人注

麦积山第133窟第9龛内"小沙弥"像

意的是，西魏文帝皇后乙弗氏在麦积山出家为尼，死后凿龛为陵而葬，号寂陵，即东崖中区入口处的第43窟。根据传说，乙弗氏之子秦州刺史、武都王元戊曾在麦积山东侧山梁上开窟，为母坐禅守陵。西魏皇室成员的参与，再次掀起了麦积山佛教信仰的高潮，也带动了石窟艺术的发展。

西魏洞窟现存20个左右，沿袭了北魏晚期的窟龛形制，以方形平顶、三壁三龛或三壁二龛为主，新出现有大型仿木式崖阁建筑，如第28、30、43窟等。此外，西崖中上部的第127、135窟也是麦积山著名的大型窟龛，其窟形、造像、壁画等均堪称这一时期的经典作品。

（1）精美的造像和壁画——第127窟

第127窟位于西崖西侧最上层，系平面横长方形盝顶形窟，高4.5米，

麦积山石窟第 127 窟左壁龛内塑像

面阔 8.6 米，进深 5 米，窟内正、左、右三壁正中各开一圆拱形敞口浅龛。其中正壁龛内放置有石雕一佛二菩萨像。佛头光中从内向外有浮雕莲瓣、莲花和伎乐天各一圈，上部正中刻一身小坐佛。伎乐天以小坐佛为轴心左右对称地相向飞行。背光左右两侧浮雕比丘各 1 身、散花飞天及供养飞天各 4 身。比丘仅露出上半身，各具神态。飞天姿态各异，手或提飘带或托供品，多数手持乐器，帔帛、裙摆上扬、富于动感。左、右二胁侍菩萨造像风格相同，均头戴方形宝冠，发分数缕，披于双肩。身躯扁平，颈戴桃形项圈，胸佩璎珞，腰系长裙，帔巾自双肩下垂，于腹前穿环后又向两侧分开上卷，或搭于双臂，或系于腰际。一手屈二指举于胸际，一手提桃形器置于腹侧，跣足立于圆台上。

左、右壁龛内各泥塑一佛二菩萨像，其中主尊佛经宋代重修，仅从发髻、衣裙等部分可见原作风貌。龛内两侧的胁侍菩萨为"秀骨清像"的代表作品，其中左壁龛内二菩萨均束双环高髻，胸佩项圈，下坠花饰，肩披帔巾，下垂交叉后绕双臂飘扬下垂，腰系长裙。左侧菩萨左手齐胸，右手托盘，侧身向佛，身体弯曲，帛带飞扬，轻盈曼妙；右侧菩萨左手向外、手心向上示礼，右手提帛带。两身菩萨动感强烈，栩栩如生。

窟内四壁及顶部均绘有壁画。其中正壁上部绘涅槃经变，中间为释迦说法图，周围有山水树木。左侧绘临终说法和众生结集，右侧绘八王争舍利和毗荼，其间车马人物，姿态各异，争战激烈，气势磅礴。正壁下部残损严重，依稀可辨绘礼佛图，两列骑马武士分别向正中大龛两侧行进。

左壁上部绘维摩诘经变，正中为吉祥天女，正在撒花以测试众菩萨、弟子慧根。左侧宝盖之下，文殊菩萨手持如意，倚坐于束帛座上，前侧绘一卧狮。四周及下方绘成排侍立的前来听法的菩萨、弟子以及国王一行。右侧画面残毁较为严重，依稀可辨维摩诘坐于重层帷帐内的床榻之上。宝盖上饰宝珠、蕉叶，华丽异常。

右壁绘西方净土变，是我国石窟寺中现存时代最早、规模最大、内容最完备的一幅净土变。画面正中绘一座殿堂，阿弥陀佛倚坐于须弥座上，左、右两侧分别是观世音和大势至菩萨及二弟子像，殿前设亭台栏杆，正中立一建鼓，上饰重层华丽宝盖，两侧各绘2身舞伎，均头戴花冠，内穿紧身小袄，外套广袖衫，腰系曳地长裙。内侧两人分别扬桴击鼓，外侧两人舒袖起舞。前侧筵席呈八字形展开，每侧4身伎乐，均踞坐于席上，正在演奏箫、鼓、竽、箜篌等乐器。城外七宝莲池畔、大树旁两侧起重层阙楼，弟子信众等恭身侍立听法。两侧上角各绘两身飞天，相向而来。

前壁上部绘七佛图。七佛横身一字排开，装束大致相同，均低平肉髻，面形圆润，眉清目秀，身穿褒衣博带式袈裟，说法印，结跏趺坐于束腰须弥座上，身后饰装饰华丽的宝盖和圣树，法相庄严。佛两侧均绘有数量不一的胁侍菩萨和弟子，或彼此交谈，或静静伫立，或低首凝思，身体修长，形成一个有机整体画面；下部左侧绘地狱变，画面内容多已模糊不清。部分榜题尚可辨识，如"此人生时好□□当堕刀山地狱""此生时好□□□□令入截臂地狱"。右侧绘阎罗殿审判及十善十恶图，并附有墨书榜题，如上方飞天形象旁写有"此人行十善得参道时""诸天罗汉迎去时"。下方屋宇之外，数名武士身披铠甲，骑在战马上驰骋，意在表示前来捉拿行恶之鬼去接受地狱审判。

窟顶正中藻井内绘帝后升仙图，前侧一飞天导引，后侧帝后乘龙舆前行，四周簇拥有10余身骑龙护卫及畏兽等形象，气势恢宏。正、左、右三披绘萨埵那太子舍身饲虎，前披绘睒子本生。

（2）天堂洞——第135窟

第135窟位于西崖东部最上层，素有"天堂洞"之称。这是一个大型平面长方形平顶窟，高4.6米，宽8.8米，进深4.68米，洞窟前壁上部开3个明窗。窟内正、左、右壁各开一浅龛，北周时在正壁大龛左、右各增开1个圆拱形深龛。

窟内塑像水平高超，艺术精湛，是麦积山石窟塑像中的杰作。现有造像17身，有泥塑，也有石雕，除了左、右壁龛内坐佛为宋代重修之外，其余均为原作。

正壁中龛内塑一佛二菩萨，佛高肉髻，脸形方圆，细颈削肩。内着僧祇支，胸腹前系带，外披袈裟，袈裟一角搭于左臂，衣摆重叠垂覆座前，繁复华丽，彰显出佛的庄严与尊贵。胁侍菩萨侍立一旁，身躯扁平，眉目清秀，上身微前倾，束扇形高髻，细颈削肩，内穿交领衣衫两重，腰部束带，外披帔巾，裙摆曳地，足穿云头履。

窟内左侧中部放置一组石雕一佛二菩萨。佛高1.9米，水波纹高发髻，上饰漩

麦积山石窟第135窟主龛塑像

涡纹，面形适中，衣饰三重，内着僧祇支，中衣胸前蝴蝶结下垂，外穿双领下垂袈裟，衣摆搭于右臂，衣纹线阴刻，袈裟质感厚重。左手前伸，掌心向上，袖内雕刻出莲花，支撑手背，构思巧妙。右手已缺失，跣足立于莲台上。左右胁侍菩萨头部已失，残高1.42米，上身袒露，披肩处有圆形的饰物，胸佩项圈。璎珞严身，腹前交叉穿环，肩搭帔帛，下系长裙。一手提桃形器，一手持花在胸部，跣足立于圆莲台上。

窟内残存壁画约50平方

第135窟窟内左侧立佛像

米，为西魏原作。其中正壁上方绘涅槃经变，中间绘一佛二菩萨说法图，左侧剥落严重，隐约可见车马、人物、河流、道路、树木等，车上还有宝盖，似为出行图。右侧绘八王争舍利，主要情节可以辨认，可见一长方形坛，坛上放置分装舍利的宝瓶，下方有手持兵器的武士正策马争斗。

（3）寂陵——第43窟

有这样一个可泣的皇家爱情故事，事关西魏文帝元宝炬与皇后乙弗氏。乙弗氏（510—540年），先祖是吐谷浑政权首领，世居青海，号称青海王。凉州归降后，乙弗氏的高祖父乙弗莫瑰带领全部落人归顺北魏，被任命为定州刺史，封爵西平公。从乙弗莫瑰以后，他们家族连续子孙三代娶北魏公主为妻，而乙弗莫瑰家的女子也大多成为北魏王妃，在朝廷备受尊重。

乙弗氏自幼天姿绰约，贤淑聪慧，举止文静，父亲乙弗瑗，官至仪同三司、兖州刺史，母亲是北魏孝文帝元宏的第四女淮阳公主。北魏正光六年（525年），16岁的乙弗氏嫁与南阳王元宝炬为妃，先后生育子女12人，但大多年幼夭折，只有太子元钦及武都王元戊存活下来。

西魏大统元年（535年）正月初一日，元宝炬在宇文泰的扶持下即皇帝位，改元大统，建立西魏政权，是为西魏文帝。正月初八日，元宝炬册封乙弗氏为皇后，并立与乙弗氏所生之子元钦为皇太子。乙弗氏生性节俭，粗茶淡饭，穿戴朴素，常穿旧衣，为人仁爱宽厚，也不妒忌，赢得元宝炬敬重。

当时北方游牧民族柔然政权屡次侵犯西魏北方边境。北魏分裂成东魏、西魏之后，两国都想拉拢北方柔然国以牵制、打击对方。而西魏立国之初，国弱民贫，四周强敌虎视眈眈，文帝常感外忧内患，寝食难安。西魏丞相宇文泰考虑到刚在关中地区建立新都，同时正和东魏发生摩擦，就想用联姻办法来安抚柔然可汗。大统四年（538年）二月，元宝炬废黜乙弗氏皇后之位，让她降居别宫，削发为尼，又派遣扶风王元孚去迎接可汗之女郁久闾氏（即悼皇后）。三月，元宝炬正式册封郁久闾氏为皇后。

为了西魏的江山社稷，

麦积山石窟第43窟

乙弗氏成了政治联姻的牺牲品，被迫让出了皇后之位，出家为尼，终日青灯古佛，在佛寺修行。但郁久闾氏心胸狭窄，十分嫉妒曾深得文帝敬爱的乙弗氏，文帝不得已将乙弗氏迁往秦州，让她和儿子武都王元戊相依为命。乙弗氏离开长安后，文帝心中极其空虚不安，不久，就派人嘱咐乙弗氏重新蓄发，想等待时机将她迎回长安，重新册立为后。

西魏大统六年（540年）春，柔然找借口挥军南下，西魏边境告急。大军压境，群臣劝说，文帝只好派中常侍曹宠带上亲笔书信前往秦州，逼迫乙弗氏自杀。乙弗氏看完信后十分平静，对曹宠说：望陛下长安百岁，天下富裕安宁，我无恨。其子武都王前来诀别，乙弗氏话语凄切，母子痛哭，身边的婢女侍从无不凄然落泪。乙弗氏叫来僧侣，摆上供品，命所有婢女就地出家为尼，并亲自为她们削发，以期能保得侍女们平安。事毕，乙弗氏于卧室中自尽，终年31岁。之后，乙弗氏被安葬在麦积崖，《后妃列传》称"凿麦积崖为龛而葬……后号寂陵"，据考证麦积山第43窟即安放乙弗氏灵柩的洞窟。

第43窟是一个仿殿堂式的大型单檐庑殿崖阁，三间四柱式结构，面阔6.6米，高6.1米，进深7.3米，前廊后室，装饰非常华丽。窟内后室长方形，前室平面马蹄形，顶为穹隆顶，类似于游牧民族的帐篷。窟内造像为五代时期重塑，现存一佛二菩萨二力士像。墓室与佛龛结合，后人称之为"寂陵"，俗称"魏后墓"。洞窟开凿时间为西魏大统六年（540年），传说乙弗氏死后，灵柩即将送入窟龛时，有两团云先飘入龛内，过一会一团消亡，另一团飘出。远在长安的文帝始终无法忘记这位为他而死的结发妻子，在自己寝陵竣工后，他留下亲笔文书，说自己去世后，由乙弗皇后配祭。文帝死后，朝臣公卿追谥乙弗氏为文皇后，配祭于太庙，西魏废帝元钦在位时，将乙弗氏与文帝合葬于永陵。

麦积山第43窟最初的功能是瘗窟，墓主人乙弗氏为皇后比丘尼，死后武都王为母守孝,据此可以推测,文帝、太子元钦、武都王都有在麦积山开窟供养的可能。因此,麦积山西魏洞窟具有皇家石窟的性质。

(4)皇后模真像——第44窟

第44窟位于第43窟右侧,原为平面方形、三壁三龛窟,后因地震损毁,现仅存正壁及左、右壁少许。正壁开一圆拱形浅龛,龛内现存泥塑坐佛1身,龛外两侧各1身胁侍菩萨,正壁右侧尚存1身弟子像。主尊佛高1.56米,漩涡纹高肉髻,椭圆形脸,五官端庄清秀,线条简练,蛾眉明朗,凤眼细长,鼻直嘴小,嘴角含笑,丰颐玉颔。身躯饱满圆润,皮肤细腻光洁。上身内着僧祇支,外穿褒衣博带袈裟,袈裟一角搭于左臂,系长裙结带,裙裾繁复悬垂于座,衣纹流畅、富丽厚重,衬托出佛的雍容华贵与慈悲大度。佛身体微前倾,目光下视,左手作与愿印,右手作施无畏印,结跏趺坐于龛内。这身造像生动刻画出一位典雅贵妇形象,神态恬静、安详,透出的华贵之气令无数观者感到震撼,可能是据乙弗氏皇后真容而塑,与其说是佛,不如说是乙弗氏的再现,或许在乙弗氏死后,以她为原型,雕塑家们塑造了这身全新样式的佛像,并影响到第20、102等窟主尊佛像的创作。

麦积山石窟第44窟主尊佛

佛两侧菩萨，头戴宝冠，长发披肩，佩桃形项圈，裸上身，系长裙，帔巾披肩，身材修长，面部五官、神态与佛相似。弟子像，光头、细颈、削肩，身穿厚重袈裟，下裙摆曳地呈喇叭形，双目半开半合，似在聆听佛法而有所悟。面部表情生动，刻画出人物的内心活动，简练概括，朴实自然。

在佛像手指残损处露出方棱形铁筋，可知当时的是用铁来做骨架。窟内造像整体上身材匀称，隽秀雅致，不论从历史还是从艺术美学角度看，都具有很高的价值，是麦积山石窟塑像中的上乘之作，尤其是主尊佛像，达到了神与形的完美统一，有很高的艺术水准。

（5）童男、童女像——第123窟

第123窟位于西崖最上层，方形套斗顶，窟内地面下凹，四壁前凿低台。正、左、右壁各开一圆拱形浅龛，左右壁龛前的佛坛上又做方形佛座，窟内部分壁画层脱落，岩壁外露。

窟内正壁龛内塑释迦牟尼，高肉髻，面相静穆，细颈削肩，内着僧祇支，胸腹间束带，外披袈裟，袈裟一角搭于左臂，手作说法印，结跏趺坐于龛内；左壁龛内塑维摩诘像，头戴小冠，五官端正，细颈削肩，外披宽袖大氅，左手扶膝，右手侧举于胸前，结跏趺坐于方形座上。造型简洁洗练，与常见的长者形象不同，塑造出了一个谦逊儒雅的年轻居士形象，学识渊博又机智雄辩。右壁龛内塑文殊菩萨像，脸形圆润，面容姣好，内穿交领衫，胸腹间束带打结，肩披帔巾绕双臂下垂，左手扶于膝上掩于衣内，右手侧举胸前，作施礼状，结跏趺坐于方形座上。两人左、右对称而居，辩论佛法。

正壁龛外两侧分别塑胁侍菩萨和弟子像，其中左侧为阿难，是一少年形象，足蹬云头履。右侧为弟子迦叶，高鼻深目，足穿圆口鞋，是一长者形象。两身弟子均细颈削肩，内着僧祇支，外披袈裟，笼袖而立。

第123窟内最精彩的塑像当窟内左、右外侧对称塑造的童男、童女像。其中左壁"童男"高1.14米，头戴毡帽，发辫歪向一边，前额饱满，浓眉

麦积山石窟第123窟"童男"像　　　麦积山石窟第123窟"童女"像

高鼻,嘴角内收含笑,穿圆领窄袖长袍,足下圆头靴,笼袖而立,是一位英俊少年郎。右壁"童女"高1.14米,头梳双环丫髻,分向两边,脸形方圆,两眼微闭,鼻直有棱,身材窈窕,内穿圆领宽袖衫,衫外系背带长裙,长裙曳地呈喇叭形,裙下露出鞋尖,左手携彩带于胸前,右手自然垂于体侧,是一位稚气少女。"童男""童女"像塑于洞窟之内,可能表现的是佛经中维摩诘"入诸学堂,诱开童蒙"的内容,表达他"善权方便"、教化众生的思想。而毡帽、发型、圆领窄袖袍服,无不体现出北方少数民族特征,两身侍童的衣着是研究民族服饰的重要参考资料。

3. 麦积山北周石窟艺术

北周时期，崇佛之风更盛，麦积山石窟又一次出现造像高潮。佛教信徒宇文广曾先后出任秦州刺史及总管，部下秦州大都督李允信在麦积山修建了上七佛阁（第4窟）及其附属建筑千佛廊（第3窟）和斜梯（第168窟），宏伟壮观，在当时石窟中规模最大。北周时，发生了周武帝灭佛运动，但由于当地地方官吏崇信佛教，在他们的庇护下，大量北周造像得以保存下来，灭佛运动对麦积山的影响不大。北周王朝的统治比较短暂，政治上采用了一些恢复鲜卑旧制的举措，使得艺术作品也留下些许复古的痕迹，独具特色。

麦积山北周窟龛主要以平面方形四角攒尖顶窟为主，出于安置七佛造像的需要，窟内多正壁开一龛，左、右塑条形佛座或各开3个并列圆拱龛。窟内多有仿木梁柱结构。造像题材以七佛为主，兼有三佛、千佛以及一佛二菩萨二弟子等组合形式。整体造型质朴圆润，衣裙薄纱透体，肌肉感强，风格上承两魏下启隋唐新风。佛像短颈宽肩，身体敦厚壮实，方中见圆，气度不凡。菩萨像圆润丰满，雍容华贵，典雅中又富有动感。如西崖下部的第62窟内佛、菩萨像体态敦厚挺拔，面容丰满圆润，五官紧凑精巧，服饰繁缛华丽，充分汲取了当时萧梁及印度笈多造像艺术的精髓，堪称麦积山北周造像艺术的精品。

麦积山北周壁画现存约140平方米，构图多变，造型生动，有涅槃变、法华变，以及诸天赴会、佛说法图、伎乐飞天、单尊佛、菩萨、弟子像等。壁画中人物形象写实，特别是散花楼（第4窟）后室龛外上方的薄肉塑伎乐飞天更是别具一格。

（1）散花楼——第4窟

位于东崖上部，俗称"上七佛阁"或"散花楼"，距地高约70米，是

麦积山石窟第4窟

麦积山石窟最具代表性的仿殿堂式，通高16米，宽30.48米，进深8米。窟原为前廊后室、七间八柱、平面横长方形庑殿顶崖阁。后因地震部分损毁，前廊深4.1米，高8.52米。廊顶各间原凿平棋6块，共计42块，现仅存位于两侧的6块，其余已塌毁。现仅存两侧各一根八棱立柱，檐柱横截面呈八角形，下面有圆形覆莲柱础承托，柱头仿中式木构建筑，雕刻大斗、额枋、齐心斗、散斗、替木、檐枋等。殿顶雕出鸱尾，屋面雕出筒瓦瓦垄。左、右壁上方各开一个六角攒尖顶佛帐式耳龛，龛内分别塑维摩诘与文殊菩萨。后室保存较好，并列开7个平面方形四角攒尖顶大龛，大小基本相同，高5.1米，宽4米，进深3.9米，均为佛帐式四角攒尖顶。列龛内各有一石胎泥塑八角帐杆、帐楣、帐柱，顶部正中雕莲花宝顶，四角出莲花柱头，正壁前是一个石胎泥塑的须弥座。列龛外部上浮塑火焰宝珠及网格花饰帐幔，两端分别为龙、凤、象头口衔下垂的流苏。各龛外帐之间有石胎泥塑"天龙八部"。龛外浮雕华丽的帐幔，其间浮雕有护法神。整座建筑气势宏伟，雕造技艺精湛。

西侧现有一过洞通往牛儿堂，是明代开凿，过洞上方刻有"小有洞天"匾额一方。原来在廊柱外修有栈道与牛儿堂相连，因前檐坍塌，这段栈道也随之塌毁。

第4窟现存各类泥塑造像77身，石胎泥塑浮雕造像8身，均经宋、明重修或重妆。影塑757身,均为北周原作。列龛内正壁主尊塑坐佛,两侧塑二弟子六菩萨或八菩萨像。其中菩萨像神态庄严慈祥,华美而不俗。弟子以第1龛正壁左侧迦叶最为传神,高2.8米,方面大耳,前额有皱纹,颧骨隆起,眼窝深陷,嘴唇干瘪,颈间筋骨外露,两胸肋骨嶙峋,塑造出一位老年苦修僧的形象。窟廊东端耳龛内的维摩诘像高1.05米,头顶扎巾子,眉骨高隆,双目深陷、半睁,嘴微启,露出参差不齐的牙齿,面部肌肉松弛。内穿交领衫,外披宽袖长袍,左手抚于左膝上,右手执麈尾搭于右肩,上身微前倾,左膝上屈,于方形高台上随意而坐,神态洒脱自然,似在侃侃而谈,成功刻画出一位睿智长者形象。

麦积山石窟第4窟窟廊东端耳龛内的维摩诘像

麦积山石窟第4窟廊顶方格内的"母子还宫"

在7个列龛外帷幔之间浮雕"天龙八部",塑像经过宋代重修,其中东起第3身像头戴虎头帽,圆脸,脸上肌肉隆起,眉毛上扬成火焰状,双眉之间凸起肉棱,怒目圆睁,嘴微张,露出牙齿。项戴圈,系战裙。右手于胸前作印,左手握剑立于双腿之间,足下地神,武士的勇猛神态跃然而出。另外,在窟廊两侧还有宋代重塑的护法力士,神态威猛,孔武有力。

第4窟现存壁画300多平方米,是麦积山保存壁画最多的一个洞窟,有北周、唐、明三个时期的作品。廊顶方格内绘佛传故事为北周原作,色彩保存依旧鲜艳、形象也清晰,内容有"母子还宫""建三时殿""诸天普乘"等,其中的车马人物运用交点透视和散点透视结合构图,使红马行进的方向从不同位置观察截然相反,变化奇妙。

前廊上部北周绘7幅大型飞天壁画。每幅长3.5米,宽1.9米,各绘4身飞天。飞天衣裙轻薄,帔帛飘扬,于飞落花雨中相向飞行,在弦管鼓乐的演奏下翩翩起舞。有的吹胡角、埙、笛、笙、箫,有的击腰鼓、敲锣,还有的抚琴,弹筚篌、阮咸和琵琶,更有持香炉、托花盘、持莲花、散花等不同的形象。最有创造性的是飞天采用了"薄肉塑"的技法,将飞天的面部、手足等肌肤裸露部位以浅浮雕薄塑,其他以绘画形式表现,塑、绘结合,立体感十足,画中的飞天呼之欲出。

麦积山石窟第4窟前廊"薄肉塑"飞天

飞天翱翔于天际,鲜花随乐音而舞,花雨飘飘,成为楼阁上一幅引人瞩目的壮美壁画景观。"散花楼"之名来源于此,饱含了人们对这些飞天壁画的高度赞美和喜爱之情。

(2)千佛廊——第3窟

第3窟位于崖面东部,俗称"千佛廊",通向散花楼,连接石窟东门到达"散花楼"的通道,是麦积山唯一一座长廊式崖阁,廊侧凿塑千佛,形式比较新颖别致。长廊依崖建造,人字披顶,长36.5米,顶高8.2米,宽2.7米,共有14间,前檐大部分崩塌,仿木构,实际上为木石混合结构的建筑。廊顶两侧做月梁13道,上有驼峰、替木、脊檩、檐檩,是中国现存最早的月梁形象。每间有6~7根半圆形椽,就石而凿,外面敷麻泥。廊壁上的千佛造像为北周原作,石胎泥塑,宋代重塑,佛高0.93米,现存有297身,上层2排,下层4排。上下层之间有0.6米宽的间隔,原来架设木栈道,在加固工程中改为钢混结构新道。

4. 麦积山隋、唐、宋代石窟艺术

仁寿元年（601年），隋文帝敕建舍利塔在麦积山顶，并御赐寺名"净念寺"。麦积山现存隋代洞窟12个，以圆拱顶和穹隆顶居多。雕塑有38身，作风写实，个性突出，采用大体积、大块面的塑造手法，给人以概括简洁、厚重饱满的印象，为唐代雕塑艺术的辉煌发展拉开了序幕。壁画现存10余平方米，形神兼备，格调清新。

第5窟，又称"牛儿堂"是麦积山隋唐时期的代表作，窟内佛像气宇恢宏，睿智晓畅，满怀济世慈悲。菩萨形象丰腴适度，体态端庄，富有节奏韵律感，充分展现了大唐广纳百川、健康向上的审美精神与艺术趣味，从艺术品上亦可体味盛唐的庄严博大与豪迈气象。

宋代是麦积山石窟艺术发展最后一个极盛期，虽然当时天水处于宋金交战前沿，战火烽起，但佛事活动并未停滞。这一时期，达官贵人及游人题刻不断，留下许多歌咏麦积山诗文。麦积山宋代造像艺术更加重视写实性与世俗化，并且出现了前代没有的艺术形象，如白衣观音（165窟）、邈真僧像（50窟）等，增加了麦积山石窟的佛教艺术内容。

第133窟的宋塑释迦像衣饰处理表现极具质感，造型传神，充满无相无住的大关怀，艺术表现手法超越前朝，自成一格。第165窟的供养人生动传神，表情自然，为同期宋塑的艺术珍品。第4、43等窟的金刚力士造型夸张，威猛刚毅中又有戏剧化的夸张处理手法，无论对于解剖的精熟，或是气度的把握都对后世造像产生了标准化式的影响。第43、165等窟内的菩萨造像温婉可亲，神态祥和，衣饰华美，装饰繁复，反映出宋代艺术重精神刻画，重形式处理的时代潮流。

（1）麦积山东崖大佛——第13窟

遥望麦积山，在密如蜂房般的窟龛和层层的栈道之间，有3身醒目的

露天塑像,即"东崖大佛"。东崖大佛是一个摩崖浅龛,高17米,宽约18米,位于东崖中部,开凿于隋代,在南宋绍兴年间重修,从壁面残存桩眼看,原来应建有楼阁,后来楼阁坍塌,造像便暴露在外。

这是一组一佛二菩萨的高浮雕石胎泥塑像,是麦积山最大的造像。正中主尊为阿弥陀佛,高15.7米,倚坐姿势,双手已经毁坏,但从残迹推测,原塑像左手抚膝,右手齐胸,可能作施无畏印和与愿印,脚下踩仰莲台。佛内着僧祇支,外穿袈裟,衣纹线条流畅舒展。脸部圆润丰满,有螺纹肉髻,曲眉长目,眉间有白毫,两眼下视,眼角上挑,俯视着世间的芸芸众生,表情肃穆庄严又慈祥,悲悯之情溢于言表。

佛右侧为观世音菩萨,高13米。束发高髻,头戴花冠,宝缯下垂至双肩。面容丰满圆润中透着一丝清秀,细目弯眉,鼻梁直挺,双唇紧闭,下颌丰满,挺胸敛腹。上身着僧祇支,下系长裙,帔帛搭肩绕臂,垂至脚面。胸前缀饰一串联珠璎珞,大部分残损。左手自然下垂,执一净瓶,右手当胸持一莲叶及莲蕾,跣足立于仰莲台上。神态恬静安逸,身姿婀娜挺拔;佛左侧为大势至菩萨,高13米,装束、神态等大致同右侧菩萨,左手上扬至颔下,掌心托一莲花,胸前挂饰璎珞。体态挺

麦积山石窟东崖大佛像

拔之中略显敦厚，仍有北周造像之遗韵。

佛双膝以下部分石胎外露，有大小不一的方形柱眼及部分残存木桩，整齐分布在这块崖面上，这一现象让我们大致了解佛像的制作过程。首先雕凿出像的大致轮廓，再在石胎表面凿出大小、深浅不一的桩孔，桩孔中插入缠有丝麻的木楔，然后敷泥塑形，精雕细塑，最后加以妆彩，大佛便雕造完成。这种凿桩孔的方法，既能减轻塑像的重量，又可以增加强度和稳定性，彰显出古代雕塑家们高超的创作技艺。

大佛眉间白毫用定窑出产的白瓷碗,佛面部还装藏有经卷。"东崖大佛"在唐开元二十二年（734年）秦州大地震中部分受损，南宋绍兴二十七年（1157年）秦州甘谷城信徒高振同对大佛进行了重新修缮，并在佛白毫相内敬奉一件定窑白瓷碗。1983年，麦积山石窟艺术研究所对东崖大佛面部进行重修时，发现了这件文物。白瓷碗基本完整，高5.4厘米、口径16.4厘米、底径6.4厘米。敞口、浅腹、圈足。通体施白釉，胎质细密，色泽温润。现被定为国家一级文物。同时，在修复大佛头像时，在右颊破损处出土了唐代抄本《金光明经卷》第四卷。经首残尾全，全卷长740厘米，卷高25厘米，竹卷轴，高28厘米，竹轴上下两端涂有黑漆，轴的上端有部分火烧痕迹。这是麦积山现存最早的珍贵卷轴装抄本佛经，于2008年4月入选第一批《国家珍贵古籍名录》(编号00141)，并获得中华人民共和国文化部颁发的国家珍贵古籍名录证书。

（2）牛儿堂——第5窟

第5窟，俗称"牛儿堂"，位于东崖最上层西端，与"散花楼"相邻，二窟间有长约10米、可容一人通过的隧道相通，是一座大型崖阁式洞窟，前部开三间四柱窟廊，后部凿三龛。顶高9米，面阔15米，进深6.5米。

中间龛门前有一摩醯首罗天，站在一头卧着的牛犊身上，这就是"牛儿堂"的由来。这头牛犊，圆圆的眼，顽皮地注视前面，脚虽盘曲着，却似乎要跃起的样子,松弛的颈上垂着的皮,也似在动。不仅身形姿态具备了牛的特征,最出色的是把一头牛犊所具有的稚气和活泼表现出来了,非常动人,当地人因为喜爱,称它为"金蹄银角的牛娃"。

主室三龛内主尊组合为过去、现在、未来三世佛。正壁一佛二弟子四菩萨,为隋代所塑。佛内着僧祇支,外披通肩袈裟,手作降魔印、与愿印,结跏趺坐于须弥座上。左右二弟子,左侧为老年形象,右侧为少年形象,身披僧衣,跣足立于圆形台座上。弟子之外各两身胁侍菩萨,戴花冠,下穿裙,裙腰外翻,帔帛绕臂或横于膝际一道,跣足立于圆台上。左龛主尊为倚坐的弥勒佛。左右两龛的造像为麦积山石窟现存为数极少的唐代造像,弥足珍贵。

三窟龛内及左右龛楣均为明代重绘壁画,左侧间右壁及右侧龛顶、平棋保存部分唐代作品。

廊顶西侧平棋绘天马图,马居中,四足奔腾,前有摩尼宝珠,后绘一头象,左右绘飞天,画面表现的应为佛传故事情节,施色以赭红为主。廊正壁上方西侧唐代绘西方净土变。中龛顶部绘说法图及供养人行列。供养人分3列,左侧为女供养人,右侧为男供养人,是研究唐代绘画、服饰等方面十分重要的形象资料。

麦积山石窟第5窟踩牛的天王

（3）罗睺罗授记——第133窟前室中心塑像

麦积山石窟第133窟窟内宋代"罗睺罗授记"像

第133窟开凿于北魏，但在窟内前室正中有宋代塑"罗睺罗授记"像两尊。两尊像均为圆塑，其中释迦像高3.5米，螺髻，方面大耳。内着僧祇支，外披双领下垂式袈裟，胸部袒露。上身微微前倾，双目下视，神态慈祥。双手屈肘前伸，左手掌心向上作莲花指，右手掌心向下，伸手在罗睺罗头顶上方，脚下莲台，赤足而立。

罗睺罗像高1.44米，着覆右肩袈裟，双手合十而立，头略低俯，神态恭谨，脸庞圆润、英俊，眉宇间还透着稚气。佛陀双手齐胸前扬，左手外翻下展，右手作抚摸状，置于罗睺罗头顶，正欲为其摩顶授记，将释迦见罗睺罗时的父子之情表现得淋漓尽致，不失为麦积山宋代造像的上乘佳作。

陇东南石窟

陇东南地区的石窟寺除了天水的麦积山、仙人崖等石窟，还有甘谷的大像山和华盖寺，武山的水帘洞石窟群和木梯寺石窟，西和的法镜寺和八峰崖，徽县的佛谷台石窟等。这一地区是古代"丝绸之路"的重要通道，又是进入蜀地的转折点，佛教石窟分布较多。

陇东南大部分石窟始凿于北朝，保存了大量北朝时期的泥塑造像和壁画，受到了麦积山石窟的影响，与麦积山石窟同期作品风格相似，可能属于同一批工匠建造。甘谷大像山的弥勒大像是唐代石窟的代表，是这一地区唐代最大的造像，也是"丝绸之路"上著名的唐代大佛之一。宋代的石窟造像也比较多，仙人崖、水帘洞石窟群以及木梯寺石窟都有相当数量的宋代遗存。明清时期，出现了释、道、儒三教融合的石窟造像，反映了民间化、世俗化的宗教信仰。

一、水帘洞石窟群

水帘洞石窟群位于甘肃省武山县洛门镇东北 25 公里处的鲁班峡响河沟峡谷中，包括水帘洞、拉梢寺、千佛洞、显圣池等四个部分。水帘洞位于莲花山南麓的天然石洞中，拉梢寺位于莲苞峰东南壁的崖面上，千佛洞位于挂青山西壁崖面上，显圣池位于火烧山西侧的崖壁上。石窟所在的峡谷，群峰叠嶂，曲径幽林，鸟语花香，山间溪流潺潺，是难得的仙境胜地。

水帘洞石窟群以北周窟龛和造像为主，也最为集中，这在全国石窟中比较少见。石窟的最大特点是利用了自然洞穴或者崖面，在壁面上造像、绘制壁画，主要有摩崖浮雕、彩绘和摩崖悬塑。拉梢寺和千佛洞还开凿有少量的小型龛，龛内有泥塑或石胎泥塑造像。造像组合有一佛二菩萨、一佛二弟子二菩萨、十佛、思维菩萨等。

壁画内容有说法图、千佛、供养人等。供养人的题名中有姚、权、焦、梁等姓氏，都是北朝时期活跃于秦州一带的大姓。题名中还有西羌部族莫折氏，反映出当时的羌族人民也信仰佛教。北周名将尉迟迥，地位显赫，创建了拉梢寺；北周大都督李允信兴建了麦积山石窟的上七佛阁，这两人在当地有着很大的影响力，带动了秦州地区佛教石窟的营建，也使这一地区的佛教信仰达到兴盛。

隋、宋、元、明等各个历史时期，水帘洞石窟群得到不断发展和修缮，特别是宋、元时期进行过大规模的重修。

1. 水帘洞石窟

位于莲花山南麓，在拉梢寺对面，本来是莲花峰下一座坐西朝东的大型天然洞穴。当时的佛教徒在洞穴的崖壁上绘制壁画、塑像，现存有多组壁画和浮塑的数座覆钵塔，主要分布在洞穴的左侧崖壁上。依据从里到外、由上至下的顺序将能辨识的内容共编16个号。最早为北周时期的作品，宋代在北周原作上重绘部分壁画。北周壁画主要为说法图，说法图下部绘供养人。宋代绘有说法图、七佛等。以第2、14、15、18号等壁画为代表。

水帘洞石窟外景

（1）北周壁画的代表——第2号壁画

第2号壁画位于整个崖面中部，北周绘制，是一幅由佛、弟子、菩萨、力士、供养人等组成的大型说法图。宽约5米，高约4米。佛高2.77米，高鼻大眼，有黑色髭须，颈短，内着绿色长裙，外披红色通肩田相袈裟，两手作说法印，跣足而立。佛头光正上部绘一身禅定佛，禅定佛两侧各绘出4身向中心飞翔的飞天。飞天裸上身，系裙，身体呈"U"字形，帛带向后翻卷飞扬，灵动又轻捷，极富美感。

水帘洞石窟第 2 号壁画

佛旁边是两身弟子,较为矮小,穿红色交领宽袖袈裟,足下圆口鞋,右侧一身手持香炉。两身胁侍菩萨,面容清秀,低眉下视,头戴宝冠,裸上身,帔巾覆肩,下系红色长裙,其中右侧一身的宝冠缯带浮塑成波浪状。

胁侍菩萨外侧又绘供养菩萨与执金刚神。执金刚神,有髭须,手持金刚杵。

佛足下正中覆莲上宝瓶莲花,下方两侧各绘一身胡跪供养菩萨。上方两侧各有供养人3身,比丘在前导引,男供养人随后,穿着红色圆领窄袖深衣,足下圆口鞋,双手持莲花供养。

整幅壁画用色鲜艳,以红色为基调,艳而不俗。佛的庄严、菩萨的慈悲柔美、金刚力士的勇武矫健、供养人的虔诚,在画家的笔下,用线条、色彩充分表现了出来。

（2）梁、焦两姓家族供养画——第14号壁画

水帘洞石窟出现了由两大家族出资绘制的家族供养壁画。

第14号壁画，北周原作，在宋代重修，是一座摩崖浮塑的圆拱形龛，两侧有龛柱。

龛内壁画重层，上层的宋代壁画脱落后，露出了北周原来绘制的立姿一佛、二弟子、二菩萨、二供养弟子像。龛楣绘小坐佛。龛下部绘出了世俗供养像，居中有一香炉，两侧各一狮子。龛下左侧画牛车，上下各有1排供养人，墨书榜题有："比丘尼清□供养佛时""……供养佛时""清信女焦□□供养佛时"。右侧绘2排男供养人，穿圆领窄袖胡服，第一身为比丘，榜题有："佛弟子焦阿昌供养佛时""佛弟子焦阿样供养佛时""佛弟子焦阿善供养佛时""比丘……供养佛时""梁……供养佛时""梁令超供养佛时""梁畅供养佛时""□阿洛供养佛时""佛弟子梁阿□供养佛时""佛弟子梁景延供养佛时"。

供养人题记说明这个龛及壁画由梁、焦两姓家族共同出资修建。在供养行列中出现了牛车，牛在古代主要用来耕地、拉车，汉代末年，牛车还成为皇帝、官员、贵族们的代步工具。牛车入画，不仅使壁画有了人间烟火，充满生活情趣，也有着特别的意义，即表明家族的财富和地位。

2. 拉梢寺石窟

拉梢寺石窟位于甘肃省武山县洛门镇东北25公里处的鲁班峡响河沟峡谷中，洞窟开凿在北崖的莲苞峰东南壁上，绵延近500米，传说是拉来树梢垫高以凿建石窟，故取名拉梢寺。主体建筑为摩崖石胎泥塑大佛及二胁侍菩萨像，周围开凿小龛或者悬塑造像并绘制壁画，共有编号23个。

据拉梢寺摩崖大佛左下角的石刻题记，北周明帝武成元年（559年），柱国大将军、秦州刺史尉迟迥在此造释迦牟尼像。

尉迟迥造像——最大的摩崖浮雕大佛

摩崖大佛位于拉梢寺窟群中部，坐北朝南，是一组石胎泥塑浮雕。北周时创建，五代、宋、元重修，总高 42.3 米，宽 43 米。工匠们利用天然形成的凹面崖壁浮雕石胎，再泥塑造像、绘制壁画，造像顶部修有防水的遮檐。

主尊大佛是全国最大的摩崖浮雕大佛。大佛结跏趺坐，手心向上结禅定印，左脚心浮塑法轮。佛有装饰团花纹和水波纹的圆形头光、低平的蓝色肉髻，丰圆的面形、粗短的脖颈，显得造型朴拙；穿圆领通肩田相袈裟，上贴凸起的泥条表现衣纹。佛座很有特色，方形高座，高约 17 米，宽 17.55 米，由七层浮雕组成，其中 3 层雕有卧狮、卧鹿、立象各 9 头，中间 1 头正面，其余头向外对称分布。每层之间以仰莲花瓣隔开，最下层为双瓣覆莲。

两身胁侍菩萨，侧身向佛而立，高 30 余米，戴莲花宝冠，宝缯垂于肩两侧，沥粉堆金，经后代重修。菩萨有圆形头光，面形长圆，脖颈粗短，戴项圈、臂钏、手镯、脚环，上着僧祇支，下着绿色百褶长裙，裙边于腰际外翻成百褶花边，披帔巾，从背后绕肘至体侧下垂，双手托莲枝，赤足立于覆莲上。佛左侧菩萨面露微笑，面部

拉梢寺石窟的摩崖大佛

为宋代重修。

壁画大部分分布于大佛的头光两侧，遮檐上部崖面还有宋代重绘的几排覆钵塔以及坐佛等。另外，胁侍菩萨像外侧崖面上也保存大面积壁画，西侧的保存较好，有成排的坐佛、说法图等，多为宋代所绘。

在佛左侧菩萨的左下部，是一个浅雕长方形框，框内为摩崖石刻铭文。铭文阴刻，楷体，内容是：

> 维大周明皇帝三年岁次己二月十四日，使持节柱国大将军、陇右大都督、秦、渭、河、鄯、凉、甘、瓜、成、武、岷、洮邓文康，十四州诸军事、秦州刺史、蜀国公尉迟迥与比丘释道成，于渭州仙崖敬造释迦牟尼佛一区（躯），愿天下和平、四海安乐、众生与天地久长、周祚与日月俱永。

这方铭文非常珍贵，从中可以知道摩崖造像的出资建造人，以及建成时间。摩崖造像建成于北周明帝三年，即公元559年，建成之后，在2月14日这一天可能还举行了一定的佛教仪式。具体是由陇右大都督邓文康，秦州刺史、蜀国公尉迟迥与比丘释道成共同建造了释迦牟尼像，造像的目的是祈求天下和平、四海安乐、众生天地长久，北周国祚永长。

透过这方铭文，我们也了解到出资建造者既有僧人，也有地方长官，僧俗两界都参与了摩崖造像的修建，也正是因为官方的参与，才有如此大规模造像的营建。

拉梢寺初建于武成元年（559年），尉迟迥是摩崖浮雕大佛的功德主。尉迟迥，北周的一名武将，据《周书·尉迟迥传》和《周书·明帝纪》记载，尉迟迥勇猛善战，屡立大功，深得太祖宇文泰赏识，后率军平定巴蜀，被封为蜀国公，明帝二年（558年）十月出任秦州总管。在秦州时，主持开凿了拉梢寺摩崖大佛,从此拉开了水帘洞开窟造像的序幕。

3. 千佛洞

千佛洞位于拉梢寺北1公里处的挂青山,又名"七佛沟",因有7身大型立佛而得名。造像和壁画营建在大型天然洞穴的崖面上,共有编号49个,多数毁坏严重。最早为北周时期的造像,有摩崖悬塑造像和开龛造像两种形式,造像组合有一佛、三佛、七佛、一佛二菩萨、一佛二菩萨二弟子、思维菩萨等。壁画内容有说法图、千佛、供养人等,在五代、宋时重绘。

千佛洞石窟外景

(1)摩崖悬塑——第4号造像

第4号造像在第二层北侧,为北周时的摩崖悬塑,是一佛、二菩萨、二弟子立像组合,头部圆雕,身体半圆雕。立佛高2米,彩绘的通身背光形如一片大莲瓣。佛面形圆润,高鼻细颈,内着僧祇支,外披通肩袈裟,领成"U"形下垂,衣纹流畅,右手作施无畏印,左臂残,足下莲台。

佛左侧菩萨被毁,只残存覆莲台及桩眼。右侧菩萨面形圆润,微露笑意,宝缯垂于肩后,浅蓝色的帔巾披肩绕肘下垂,上身斜披朱红色络腋,下系长裙,右手提净瓶,向佛微侧侍立。

佛左侧弟子头顶残,鼻高脸圆,穿厚重的红色袈裟,衣纹阴刻,左手提净瓶在腹前。右侧弟子面形圆润,穿红色袈裟,衣饰厚重,双手于胸前

千佛洞第 4 号龛造像

合十。

这一组造像悬塑于崖壁,人物形象饱满,神态各异,造型生动传神,是北周塑像中的佳作。佛、菩萨、弟子一字排开,悲悯下视,俯瞰人间千年。

(2)北周的飞天——第 15 龛

第 15 龛位于第四层最南端,是一个圆拱形浅龛,龛下有泥塑的基座,北周时营建。龛内原来塑一佛、二菩萨、二弟子像,每一身造像肩以上圆雕,以下高浮雕。在佛与菩萨之间,菩萨与弟子之间还绘有比丘与坐姿菩萨。

佛结跏趺坐,头上有华盖,左手作降魔印,右手作说法印。两身胁侍菩萨戴莲花冠,肩披帔巾,颈戴项圈,下系长裙,一身提净瓶,一身握莲蕾。两身弟子像一身已毁,一身内着僧祇支,外穿偏衫袈裟,衣纹阴刻成阶梯状,双手合十。

北侧菩萨头顶上部绘飞天二身,有圆形红色头光,头顶梳花髻,两眼平视前方,威严又不失俊秀。前一身裸上身,绿色帛带向后飘扬,下身着长裙,蓝色裙裾呈波浪状向后,左手托花盘,右手掌心向外作散花状;后一身飞天着红色绿边宽袖长裙,蓝色帛带向后随风飞扬,左手托花盘,右

千佛洞第 15 龛内的飞天

手似作拈花状。飞天眼中透出听法者的庄重,服饰用色明丽,红、蓝、绿三色明快而又鲜艳,加上波浪状的裙裾、向后飘扬的帛带,将款款飞来的优雅表现了出来,意境悠扬而祥和,相比唐代的飞天,少了一分动感,多了一分沉静,让整个法会在肃穆中又增添一丝柔和,如沐春风。

4. 木梯寺石窟

甘肃武山有八景,其中一景是"木梯古寺","木梯古寺"就是木梯寺石窟。石窟位于武山县西南 35 公里处的马力镇杨坪村北侧的柏林山上,主要分布在山腰的桐树湾和松树湾。这里悬崖峭壁、地势险要,相传寺庙原来无路可入,后在山门口绝壁之上安置一木梯,可攀梯入寺,故名"木梯寺"。

木梯寺石窟现存窟龛 20 个，造像共有 70 身，壁画约 130 平方米，现存最早的窟龛开凿于北朝时期。早期窟龛内造像已毁，多数为方形的平顶小窟或者是圆拱顶龛。唐代仅存第 4 窟摩崖大佛。宋代开窟造像达到高潮，泥塑造像水平较高，出现了大型殿堂窟，如第 5、7 窟，保存较为完整，平面长方形，窟内正、左、右三壁砌高佛坛，坛上塑像，造像以三佛为主。元代有摩崖雕刻的喇嘛塔。明清时期的窟龛主要是前殿后窟，殿窟结合，并且道家和儒家的造像题材也大量出现。

大部分窟龛及古建筑在近现代重修过。

大佛殿——第 14 窟

大佛殿，位于松树湾内南崖最下方，原建于唐，现代重修。利用天然崖面，在窟前修建了二层木构阁楼，高 8.5 米，宽 7.7 米，进深 2.3 米。阁楼三开间，对开格扇门，两边有窗。室内有木梯直通二楼，楼上设围栏。

窟内正壁崖面一身倚坐大佛，高 6.38 米，胸部以上现代重修，佛座为束腰叠涩方座。佛肉髻低平，脸形长圆，双耳垂肩，左手抚膝，右手作施无畏印，内穿僧祇支，衣带于胸前打结，外穿袈裟，通体彩绘。在大佛的肘部两侧的崖壁上，各重塑一身坐姿菩萨。

二、陇东南其他石窟

陇东南石窟还有甘谷的大像山与华盖寺石窟、西和的法镜寺石窟、徽县的佛爷台石窟和广佛寺石窟等，其中法镜寺石窟和佛爷台石窟有北魏与北周时期的窟龛，地处天水通向四川的交通要道上，显得尤其重要。

1. 大像山石窟

位于甘谷县城西五里铺村南文旗山上，因为山里有大佛像，文旗山又被称作"大像山"。石窟和古建筑分布在1.5公里的山脊上。东区为石窟寺，共有22个洞窟，一字形排列，多为平顶方形窟。西区为古建筑区，从低到高依次排列，共有15处明清建筑，以文昌阁、鲁班殿、财神殿最有特色。窟龛之间有栈道相连。

大像山石窟始建于北朝时期，宋代对所有洞窟进行重新彩绘和重建窟前建筑，明万历年间，创建太昊宫等十多处建筑，明代末年建成文昌阁等建筑。在清代同治二年（1863年），大像山所有建筑遭到火焚。

弥勒大像——第6窟

第6窟，盛唐时开凿，高34米，宽14米，深4.5米。窟内为倚坐弥勒大像，在宋代嘉祐三年（1058年），对大佛全身进行敷泥薄塑，在窟前

大像山石窟中的弥勒大像

重修了7层楼阁。同治二年（1863年）窟前楼阁遭到火焚，同治九年（1870年）重建了大佛窟前的楼阁。大佛依山开凿，石胎泥塑，高23.3米，肉髻水波纹，额间有白毫，两眼平视，眼瞳中镶嵌半个黑釉大缸，缸高0.7米，面部贴金，有蝌蚪状胡须，内着僧祇支，在胸腹部系带，外穿袈裟，左手抚于膝上，右手作施无畏印，脚踩莲台。造像浑厚雄伟，气势宏大，法象慈悲庄严。

这尊大像是唐代在全国兴建的弥勒大像之一，反映出当地唐代弥勒信仰的兴盛。

2. 华盖寺石窟

华盖寺石窟位于甘谷县城西10公里处的二十铺村，距大像山7公里。石窟开凿在半圆柱形丹霞地貌的岩体上，山势一峰突起，有似刀削斧劈，山顶又绿草如茵，恰如一顶华盖，因此得名。洞窟呈"之"字形排列。山下有寺院，因为大殿上覆盖有铁瓦，称作"铁瓦寺"，现已毁坏。

现存洞窟18个，按塑像内容可分为儒、释、道及祖先崇拜4类。其中儒教题材的洞窟1个，即第14窟孔子洞；佛教题材的洞窟5个，有第4、

5、10、16、18窟，其中第18窟绘有唐僧取经图；道教题材的洞窟10个，有第2、3、6、7、8、11、12、13、15、17窟；第1窟和第9窟为祖先崇拜窟。塑像60身，最高的1.55米，最小的0.13米。

华盖寺石窟外景

华盖寺的开窟年代在元泰定年间（1324—1327年），是渭水流域保存较好的晚期石窟，是研究中国晚期石窟的珍贵资料。

3. 法镜寺石窟

法镜寺石窟位于西和县城北12公里处的石堡乡石堡村五台山，又名石堡石窟，现存大小窟龛24个，造像11身，开凿年代在北魏中晚期，重要的窟龛有第6、13、22、23龛等。法镜寺受到人为破坏比较严重，在1962年，因为改建西和至徐家店公路，劈开了南侧山崖，一些洞窟遭到了破坏，后在"文化大革命"中，窟龛内的造像大部分被损坏。石窟所在的石堡乡一带，石山绵亘，色如赤霞彤云，自古是由秦入蜀的必经之路，地理位置相当重要，是兵家必争之地，因而多建城堡。法镜寺石窟虽然保存不太完整，但价值较高，是见证佛教传播以及文化交流的重要实物遗存。

窟龛形制有平面马蹄形圆拱顶龛、平面方形平顶和圆拱顶龛、平面长方形摩崖浅龛和大佛龛、平面马蹄形和长方形穹隆顶窟等。造像多为单身立佛，还有1铺3身组合的形式。3个大型立佛龛在陇东南石窟中比较少见。

唐肃宗乾元二年（759年），唐代诗人杜甫从天水前往成都，途经法镜寺，写下了《法镜寺》一诗，诗文如下：

    身危适他州，勉强终劳苦。
    神伤山行深，愁破崖寺古。
    婵娟碧鲜净，萧摵寒箨聚。
    回回山根水，冉冉松上雨。
    泄云蒙清晨，初日翳复吐。
    朱甍半光炯，户牖粲可数。
    ……

当时正值"安史之乱"，法镜寺也不可避免地受到影响，诗人笔下风景依然如画，但寺院一片衰败之象。

北魏龛——第13龛

第13龛为北魏开凿，是一个平面为长方形的圆拱顶大龛。龛内石胎泥塑一身立佛，高5.3米，宽额方颐，眼睛较为突出，直视前方，内穿僧祇支，外披袈裟，左手作与愿印，右手施无畏印。

4. 佛爷台石窟

佛爷台石窟位于徽县城南约8公里处的水阳乡姚坪村佛爷山北侧断崖上，整个崖面被浮雕成一个摩崖帐形大龛，高3.6米，面阔9.8米，进深0.2~2米。弧形的龛楣下垂幔重重，龛外侧原来有木质建筑。龛内正中并列4个圆拱形龛，龛周围还开凿有小龛。另外，大龛上方凿有3个小龛，每龛内浮雕1身穿通肩袈裟的坐佛；在大龛的外侧下方各有一个小龛，龛内各浮雕一身力士，身材健壮，袒上身，下系战裙。现存大小窟龛共18个，浮雕造像 18 身。石窟开凿于北周时期。

摩崖帐形龛龛形与龛内四佛并列的造像形式，是佛爷台石窟的特色，龛形与麦积山石窟的帐形龛相似。这里是由秦地入川的交通要道，对于研究佛教的传播、北方石窟与四川北部地区石窟之间的影响等方面，都有一定的价值。

陇东石窟

甘肃陇东地区是指陇山以东的地区，范围东界子午岭与陕北相邻，南邻陕西关中平原，西逾陇山可通陇南、陇中，西北与宁夏相邻，可通北面的内蒙古高原，是古代重要的交通要道，地理位置十分重要。

陇东石窟主要有西峰的北石窟寺，泾川的南石窟寺、王母宫石窟、罗汉洞石窟、丈八寺石窟，镇原的石崆寺、玉山寺石窟等；陇山东面有华亭石拱寺石窟，西面有庄浪云崖寺石窟群和陈家洞石窟；子午岭群山中的石窟主要有保全寺石窟、张家沟门石窟、金家砭石窟、安定寺石窟、莲花寺石窟等众多的小石窟，共有60多处，其中南石窟寺、北石窟寺、王母宫石窟、云崖寺石窟、陈家洞石窟、石拱寺石窟等是全国重点文物保护单位。

陇东石窟最早开创于北魏太和时期，在张家沟门石窟中有明确的北魏太和十五年（491年）、二十年（496年）的造像铭文，在西魏、北周、隋唐、宋、金、明清时继续开凿或重修。

一、北石窟寺

北石窟寺位于庆阳市西峰区董志乡寺沟川村的覆钟山下，在蒲河和茹河两河交汇的东岸。石窟包括寺沟、石道坡、花鸨崖、石崖东台及楼底村1号石窟5个部分，南北延续3公里，其中寺沟窟群规模最大。北石窟寺的寺名在不同时期不尽相同，唐代时称为"北石窟寺"，这一名称见于第257窟的唐代造像铭中，而在宋、金、明、清时曾经改名为"石窟寺"，元代称作"东大石窟寺"。北石窟寺与平凉市泾川县的南石窟寺为同时代开凿，南北对应，合称"南、北石窟寺"。

北石窟寺始建于北魏。北魏永平二年（509年），泾州刺史奚康生开始在覆钟山下的崖面上开窟造像，此后，历代增修不绝。现存窟龛295个，其中北魏16个、西魏22个、北周20个、隋代34个、唐代180个、

北石窟寺外景

宋代2个,以唐代营造的数量最多。造像题材主要有七佛、三佛、一佛二菩萨、四方佛、弥勒菩萨、千佛、阿修罗天、佛传、本生、供养菩萨、思维菩萨、莲花童子及力士等。

寺沟窟群坐东朝西,分上中下3层,以中、小窟龛为主,大窟不多,有造像2126身,由于石质风化严重,大部分造像残缺不全,壁画保存较少,以奚康生开凿的165号窟年代最早、规模最大、艺术价值最高。

1. 刺史奚康生窟——第165窟

北石窟寺的开凿与一位北魏将军有关,这位将军就是奚康生,是南、北石窟寺的创始人。奚康生是北魏宣武帝时期的一名武将,能征善战,东奔西杀,为北魏政权立下了不小的功劳,《魏书·列传》记载:"康生久为将,及临州尹,多所杀戮。"同时又"信向佛道,数舍其居宅以立寺塔,凡历四州,皆有建置"。北魏永平二年(509年)正月,奚康生奉诏讨伐泾州沙门刘慧汪起义,平叛后出任泾州刺史。虽然叛乱被平定,但少不了杀戮,为了安定民心,在此情况下,奚康生便下令开凿南、北石窟寺,先创建北石窟寺,一年之后又开凿了南石窟寺。身为一名武将,平叛僧侣,后

北石窟寺第165窟内立佛像

又虔诚开窟造像，皈依佛法，背后原因着实让人浮想联翩。

第 165 窟位于寺沟窟群的中部，坐东朝西，是北石窟寺中时代最早、规模最大和内容最丰富的代表窟，始建于北魏永平二年（509 年）。高 14 米，宽 21.7 米，深 15.7 米。

窟内有立佛 7 身，高达 8 米，左手作与愿印，右手施无畏印，身材粗壮，头部硕大，这种比例主要是考虑到信众跪拜时的视觉问题。立佛之间的菩萨，高度约是佛像的一半，面

北石窟寺第 165 窟内菩萨像

部丰满，略带微笑，身材圆润，肩披帔巾，下系长裙。佛与菩萨造像，北魏风格明显。

西壁两尊弥勒菩萨像，头戴宝冠，佩戴项圈，肩披帔巾，交脚而坐。

西壁门两侧，北侧为三头四臂的阿修罗坐像，高鼻深目，当胸左手紧握金刚杵，右手举长柄牌，上举的双手分擎日、月。南侧为帝释天骑象，象背上一铺三身。主尊帝释天，头后有圆形头光，身后是巨大的月轮，戴桃形项圈，披帔巾，左手抚于膝上，右手上举似持物，游戏坐；昆仑奴作为驭象师，在帝释天左前方，八字眉，高鼻，裸露上身，腰系短裤，双膝

北石窟寺第 165 窟乘象帝释天像

而跪,手握短杖;帝释天身后是一身弟子像,胡跪,双手捧如意宝珠。

阿修罗与帝释天作为佛教护法神雕于洞窟门两侧。

窟顶四披浮雕有佛传、伎乐、坐佛等,因风化严重,仅西披保存较好,西披明窗两侧浮雕舍身饲虎故事;舍身饲虎上方雕一博山炉,两侧各一身伎乐;舍身饲虎下方浮雕坐佛两排。明窗内宋代雕有十六罗汉,神态逼真,风格写实。

窟门外南北两侧各雕一身天王,高 5.3 米,浓眉、眉棱较高,环眼、眼角倒立,方圆脸,头戴盔,身着铠甲,足蹬战靴,两手残损,威武有力。

两身狮子，头向外，蹲卧于天王一侧，狮头已毁。

第165窟内的造像沿四壁雕凿，内部空间宽阔。七佛造像精湛宏伟，庄严肃穆。弥勒菩萨、乘象帝释天、手持日月的阿修罗都是富有艺术感染力的艺术作品。

南、北石窟寺，在奚康生修建的洞窟中，都以七佛造像为主要塑像，这一现象比较特别。在云冈、龙门以及炳灵寺石窟中虽也出现过七佛造像，但不占据主要位置。佛经说"七佛天中照，照明于世间"，修造和供奉七佛，可以"破除一切诸苦""除众生疾病""一切诸苦，皆能远离"。奚康生在镇压了刘慧汪起义后，动用庞大的人力和财力，建造了巨大的七佛，一为安慰自己，祈求七佛的保护；二为安定民心，借助七佛的威力加强和巩固北魏的统治。

2. 北周石窟的代表窟——第240窟

第240窟是北石窟寺北周时期的代表窟。位于寺沟窟群北段，坐东朝西，平面为长方形，覆斗形顶，窟内北、东、南三壁砌佛坛，坛上雕造一佛、二菩萨像。

佛肉髻低平，面相方圆，内穿僧祇支，外披红色袈裟，结跏趺或者半跏趺坐于方台上。菩萨侍立于佛的两侧，脸圆，束髻，戴宝冠，宝缯垂于肩侧，半裸上身，披巾，下系长裙，跣足而立。

窟门南、北两侧，各有长方形浅龛两个，上下两层分布，盛唐开凿。北侧两龛内各雕一佛、二弟子、二菩萨像。南侧上层龛内雕一菩萨、二弟子以及三身胁侍菩萨；下层龛内雕一佛、二菩萨像。

窟门外南、北两侧各雕一身菩萨立像。

3. 盛唐塑像——第263窟

第263窟是北石窟寺盛唐洞窟的代表。洞窟位于寺沟窟群北段第二层，坐东朝西，开凿于盛唐，是一座平面近方形的平顶窟。

窟内东壁雕一身坐佛、二身弟子、二身菩萨像，佛脸部丰圆，五官精致，左手残，右手扶于膝上，结跏趺坐于金刚宝座之上，身后开凿一个圆拱形浅龛，龛内绘圆形的头光。两身弟子赤足站于莲台上，身穿袈裟，南侧弟子头部残坏，双手捧钵，北侧弟子双手相拢。两身菩萨立于莲台之上，南侧一身手提净瓶，北侧一身手持拂尘。

二、泾川石窟群

泾川石窟群，分布在今甘肃省泾川县泾河与汭河两岸，包括南石窟寺、王母宫、罗汉洞、丈八寺、千佛寺和太山寺等石窟。这些石窟，相互之间的距离近则约2公里，远则十几公里。各石窟现存的窟龛，有的只有1个，有的七八个，有的30多个。

泾川县地处陇东黄土高原，由于河流的冲刷，黄土层下的沉积岩往往暴露出来。这种沉积岩又称红砂岩，砂石柔细，适宜雕刻，因此大部分石窟开凿在河流两岸及沟壑崖间的红砂岩断层上，造像也以石雕或石胎泥塑为主。

石窟最早开凿于北魏时期，在西魏、隋、唐，以及明、清等时期都有修建。

1. 南石窟寺

南石窟寺位于泾川县城东7.5公里处的泾河北岸崖壁上。石窟坐北朝南，现有

南石窟寺外景

洞窟8个，其中第1窟为北魏永平三年（510年）开凿，第5窟为唐代洞，其他洞窟时代不详。

刺史奚康生窟——第1窟

南石窟寺第1窟窟内佛与菩萨造像

第1窟位于窟区东侧，开凿于北魏时期，窟内平面为横长方形，覆斗形顶，宽18米，深2米，高11米，窟门顶部凿方形明窗。

窟内正壁（北壁）和东、西壁有佛坛，共塑造7身立佛，14身胁侍菩萨，其中正壁3身立佛、6身菩萨，东西壁各2身立佛、4身菩萨。立佛高6米，菩萨高1.5米，佛与菩萨都较北石窟寺第1窟的矮小、清瘦，特别是菩萨身材修长，头戴宝冠，衣饰简洁，少了北石窟寺的华丽、繁复。

南壁门两侧各雕造交脚弥勒菩萨1身，高5米。窟顶北披及东西披浮雕佛传故事，内容有树下诞生、阿私陀占相、拘尼树塔、宫中观歌舞、逾城出家、犍陟马辞别、树下思维等。

窟门外两侧有二身北魏石雕力士立像。

洞窟开凿于北魏永平三年，比北石窟寺晚建一年，但窟主为同一人，为泾州刺史奚康生创建，洞窟形制、造像、艺术风格都大致相同。

2. 王母宫石窟

王母宫石窟，位于泾川县城西 0.5 公里处的王母宫山脚下，因山得名。

王母宫现在仅存一个大窟，开凿于北魏，后经隋、唐、宋、明等朝代重修。洞窟坐西朝东，平面方形，有中心塔柱，窟宽 12.66 米，深 13 米，高 11 米。窟前有清代修建的木构 3 层楼阁式窟檐建筑。

窟顶已残毁。西、南、北三壁可以分为 3 层，其中下层平面无物，中层各壁并排开 3 个大龛，龛内雕一身坐佛、二身胁侍菩萨像，上层又开小龛 1 排，内雕坐佛。中层大龛龛柱为八角形，上有坐佛、动物、忍冬卷草纹等，有圆形柱础，龛楣雕有飞天。南壁保存较好，北壁残毁严重。

窟内的中心塔柱最具特色，宽 7 米，深 7.6 米。柱下有底座，底座之上分上、下两层，下层为方形，上层为八角形。

下层四面开拱形龛，其中东向面内雕一身坐佛像，南向面龛内雕释迦、多宝二佛并坐像，西向面与北向面龛内各雕一佛、二菩萨像。龛外两侧浮雕菩萨、供养人、力士、飞天等像，龛外上方雕佛传故事，有商人奉食、摩耶夫人

王母宫石窟中心塔柱一角

占梦、诸释子斫多罗树、诸释子摔象等情节。龛楣两侧即中心柱四角各雕一头大象,每头大象背上驮一座3层小塔。

上层八角形,各面开一圆拱形小龛,共8个小龛,内雕一坐佛二菩萨像。龛下方浮雕一身坐佛、6身供养菩萨;龛上雕1排坐佛,大部分残毁。

3. 罗汉洞石窟

罗汉洞石窟位于泾川县城东15公里处的泾河南岸,建在罗汉洞乡罗汉洞村红砂岩的崖壁间,崖壁高30余米。石窟坐南朝北,有上下两层,残存30余个窟龛。石窟始建于北朝时期,在唐、宋、明、清各代陆续修建。

罗汉洞石窟外景

石窟入口处有一身露天立佛像,是北朝原作,在唐代时重修。佛高约5米,石胎泥塑,左、右手残缺,外表敷泥斑驳脱落。

四柱式佛坛——第10窟

第10窟位于上层,是一个规模较大的中心佛坛式窟。佛坛较为特殊,方形佛坛基座,四角有方形石柱直达窟顶,每柱的四面浮塑天王、力士等形象并彩绘,像下方还有人物画。

窟内东、西两侧壁残存一些宋代的彩绘浮塑。佛居中结跏趺坐,在山间林中说法,头部与双手已残失,内穿僧祇支,腹部系带,外披袈裟,身后树木枝叶茂盛；左右侧菩萨、弟子、力士等参差排列；周围还有嶙峋的山石、刀削似的峭壁，其间有楼阁、佛塔隐现。整幅塑像立体感很强，以青绿色为基调，素雅有致，人物身材比例协调，栩栩如生，不失为佳作。

三、陇山石窟

陇山位于古代"丝绸之路"的交通要道上，因而在陇山东、西，成为佛教的兴盛之地。在陇山东、西的群山之中主要有庄浪云崖寺石窟群、陈家洞石窟和华亭石拱寺石窟等。其中云崖寺石窟群、陈家洞石窟位于陇山西麓，石拱寺石窟位于陇山东麓。

石窟大多数始建于北朝时期，经历隋、唐，明代时出现大规模开凿的繁荣局面，是中国石窟营建史上大规模开窟造像的最后终结地，对于研究中国晚期石窟艺术，尤其是明代的石窟艺术有着极为重要的价值。

云崖寺石窟群是指甘肃省庄浪县城东16处石窟的总称，包括云崖寺、红崖寺、朱林寺、大寺、西寺、朝阳寺、金瓦寺、佛沟寺、木匠崖、三教洞、殿湾、殿峡、石窑河滩、红崖湾等石窟。各石窟点相距数公里至十数公里不等，形成一个规模较大的石窟群。

云崖寺石窟群的北朝洞窟主要集中在云崖寺，佛沟寺也有少量的北朝洞窟。北朝洞窟以小型洞窟为主，造像组合简单，有三佛、一佛二菩萨等，另有少量的摩崖造像。陈家洞石窟的三佛摩崖造像是这一地区保存最大的北魏摩崖造像。

明永乐二十二年（1424年），原受封辽东开原的韩王被改封平凉，宣德五年（1430年）就藩。平凉韩藩共传十位韩王，历212年。韩王家族对云崖寺、陈家洞石窟的发展影响巨大。

1. 云崖寺石窟

云崖寺石窟位于韩店乡黄草村西，石窟开凿在主山上，这里山势环抱，溪水潆洄，松柏苍翠，竹林掩映。根据文献记载，宋代僧人法印曾于此凿白云洞一所，洞内朝夕有云出没，但具体洞窟已不可考。

云崖寺石窟现存窟龛24个，共有造像73尊，有石雕，也有泥塑，壁画约30平方米。时代最早的洞窟有第11、12、17窟，是北魏晚期洞窟，造像为石胎泥塑。北周开凿的洞窟有第1、2、4窟，为平面方形小窟，造像为石胎泥塑。明代时云崖寺进行了大规模开凿和重修活动，出现大型洞窟，如第6、7、10窟等，一般三壁设佛坛，坛上泥塑造像，有三佛及胁侍菩萨、五佛及胁侍菩萨、一佛二弟子等。

第10窟窟门左右两侧各立一块石碑，为万历十二年（1584年）《大明重建云崖碑记》和《云崖碑记》，记载了明代受封平凉的韩王府对云崖寺的重建情况。

北周造像——第4窟

第4窟位于云崖寺窟区西部，北周时开凿，朝向西南，是一个平面半月形的敞口浅龛。龛内高浮雕石胎泥塑一佛、二菩萨像。中间主尊佛外披袈裟，衣纹阴刻阶梯状，左手作降魔印，右手、胸部以上至头部为现代补修，佛结跏趺坐，佛座方形。佛像整体矮壮圆润。

左右胁侍菩萨侧立于龛边，头戴莲瓣宝冠，宝缯下垂于肩头两侧。面形方圆，颈粗短，肩头有圆形饰物，长带下垂，肩披帔巾，手握莲蕾。

龛外两侧上下各有数个柱孔，原来应该建有木构建筑，现已不存。

2. 陈家洞石窟

陈家洞石窟位于甘肃省庄浪县通化乡陈堡村东洞峡龙眼山崖，又称"龙眼山寺"。石窟分布在长100米、高60米的崖壁上。现有洞窟9座、金代题记两处。根据现存的摩崖造像判断，该石窟始建于北魏晚期，唐、金、明清时期重修。

陈家洞石窟现存3尊摩崖石雕立佛造像，造像雕于一宽5米、长5米、高5.5米的青灰色砂岩巨石东向面上。三佛均为立姿，中间佛高5.3米，右侧佛高5.1米，左侧佛高5.0米，均结施无畏、与愿印。三佛高肉髻，面相清瘦，长颈，肩窄，躯体修长，内穿僧衹支，外着袈裟，胸前结带，赤足立于莲台之上。衣纹呈弧形阶梯状。三佛有莲瓣形背光，圆形头光，头光内雕结跏趺坐于莲台上的小坐佛。根据造像风格判断，三佛造像属北魏晚期作品。

三立佛像左侧崖壁上有金代"泰和某年四月二十一日梁石记至"的阴刻题记。

三佛像南面存有一残塔，建于一块巨石之上。塔为平面呈六角形的空心楼阁式塔，砖木结构，其中木构件已朽无存。现存四层半，残高10.56米，外径4.5米、内径3.0米，壁厚0.7米。塔各层出檐较浅，每层各角雕简单的仿木装饰，每面正中檐下有一朵仿木斗拱。从塔的造型与结构判断，为唐代建造。

3. 石拱寺石窟

石拱寺石窟位于华亭县上关乡半川村北侧山梁上，坐北朝南，与陕西陇县新集川镇相接，东距陇县50公里，北距华亭县41公里。

洞窟距地表5~10米，从西向东排列，共有15个窟龛，基本都位于同一个平面上。洞窟之间原来有栈道相连，但现在已不存在，崖面上仅留下一些当时建造栈道的柱眼。清代同治年间回民起义时第2、6窟的造像被砸毁。因为曾有人居住，大部分洞窟的壁画及造像烟熏严重。

石拱寺石窟外景

石拱寺的窟龛有三壁三龛窟、大型方形穹隆顶窟、大型圆形穹隆顶窟、圆拱形浅龛、方形浅龛等几种。造像题材有一佛二菩萨、释迦多宝并坐、维摩诘与文殊、阿育王施土、飞天、弟子供养人等。造像特征比较明显，头部较大，脖颈粗短，身体厚实，总体看起来敦厚矮壮，却别具一种质朴美感。石窟的开凿年代大致在北魏晚期到隋代。

敦厚质朴的坐佛——第12窟

第12窟位于窟群中部，开凿于北魏晚期，平面方形，窟高1.85米，宽1.65米，深1.3米。窟内三壁各开一个圆拱形浅龛，龛塌毁严重。

窟顶部正中雕一朵莲花，周围浮雕4身飞天。飞天头戴花冠，右臂前伸，裙裾飞扬。

正壁龛内石雕一身坐佛，结跏趺坐，方圆脸，唇厚且嘴角内收，下颌丰圆，身体短粗，内穿系带内衣，袈裟外披，衣裙下摆悬垂于座，左、右手残。这身坐佛像头大、身材短，散发出敦厚质朴之感。佛左侧为一身弟子像，头部残毁，内着圆领衣，外披袈裟，双手合十而立，身材较为修长；

石拱寺第 12 窟

佛右侧为一身立姿胁侍菩萨，头部也已残毁，戴项圈，帔巾覆肩，袒上身，下系裙，裙摆下摆呈喇叭形，左手持桃形器。

左壁龛内造像已经毁坏。右壁龛内雕一佛二菩萨像，佛结跏趺坐，高鼻，嘴角凹陷，外穿袈裟，右半身下部残毁；左胁侍菩萨头部残失，左手似握莲蕾，右胁侍菩萨已不存在。

参考文献

敦煌文物研究所编《中国石窟·敦煌莫高窟》第1—5册，平凡社·文物出版社，1982年12月—1987年9月。

敦煌研究院编《中国石窟·安西榆林窟》，平凡社·文物出版社，1997年5月。

天水麦积山石窟艺术研究所编《中国石窟·麦积山石窟》，平凡社·文物出版社，1998年6月。

甘肃省文物工作队、炳灵寺文物保管所编《中国石窟·永靖炳灵寺》，平凡社·文物出版社，1989年12月。

甘肃省文物考古队、庆阳北石窟寺文物保护所编《陇东石窟》，文物出版社，1987年11月。

敦煌研究院、甘肃省博物馆编著《武威天梯山石窟》，北京：文物出版社，2000年9月。

敦煌研究院主编《敦煌石窟全集》第1—26册，香港：商务印书馆，

1999年9月—2005年4月。

敦煌研究院编《敦煌石窟内容总录》，北京：文物出版社，1996年12月。

敦煌研究院编《敦煌莫高窟供养人题记》，北京：文物出版社，1986年12月。

季羡林主编《敦煌学大辞典》，上海：上海辞书出版社，1998年12月。

敦煌研究院、甘肃省文物局编《甘肃石窟志》，兰州：甘肃教育出版社，2011年12月。

彭金章、王建军《敦煌莫高窟北区》，兰州：甘肃教育出版社，2011年4月。

段文杰《敦煌石窟艺术研究》，兰州：甘肃人民出版社，2007年8月。

董玉祥《梵宫艺苑·甘肃石窟寺》，兰州：甘肃教育出版社，1999年月。

程晓钟、杨富学《庄浪石窟》，兰州：甘肃文化出版社，1999年月。

杜斗城、王亨通主编《炳灵寺石窟内容总录》，兰州：兰州大学出版社，2006年7月。

王惠民《安西东千佛洞石窟内容总录》，《敦煌研究》1994年第1期。

张宝玺《北石窟寺第165窟帝释天考》，《敦煌研究》2013年第2期。

孙晓峰《甘肃陇南几处中小石窟调查简报》，《敦煌研究》2008年第2期。

孙晓峰、藏全红《甘肃武山木梯寺石窟调查简报》，《敦煌研究》2008年第1期。

姚桂兰、格桑美卓《张掖马蹄寺石窟群内容总录》，《敦煌学辑刊》1995年第2期。

梅林《"昙摩毗"与"昙摩蜱"名实辨——附说敦煌法良禅师及其相关问题》，《敦煌研究》2005年第3期。

张善庆《马蹄寺千佛洞第1窟"梨车"榜题释论——甘肃马蹄寺石窟群千佛洞第1窟北朝壁画考（一）》，《敦煌学辑刊》2012年第4期。

后 记

灿若繁星的佛宫艺苑
——古代"丝绸之路"上的甘肃石窟寺

甘肃省,位于我国西北部,地处黄河上游,省会为兰州市。"甘肃"的名称取自古代的"甘州"(今张掖)与"肃州"(今酒泉),西夏曾置甘肃监军司,元代设甘肃行省,故甘肃省简称甘;又因为省境大部分在陇山(六盘山)以西,而唐代曾在此设置过陇右道,所以又简称为陇,人们常说的陇原大地就是指甘肃。甘肃位于我国黄土高原、内蒙古高原与青藏高原的交会处，地形狭长，形如如意，东西长 1600 余公里，南北宽 500 余公里，东连陕西，西通新疆，南瞰巴蜀、青海，北接内蒙古、宁夏，是中国西北部重要的战略要地。全省总面积约 42 万平方公里，总常住人口约 2600 万人，辖兰州、天水、嘉峪关、武威、金昌、酒泉、张掖、庆阳、平凉、白银、定西、陇南 12 个地级市，临夏回族、甘南藏族 2 个自治州，城市与人口主要分布在祁连山地与北山山地之间的河西走廊，陇东和陇中的黄土高原，甘南高原，陇南山地等地形之中。

甘肃历史悠久，文化灿烂，是中华民族和华夏文化的重要发祥地之一。中华民族的人文始祖伏羲、女娲和黄帝相传诞生在甘肃，故有"羲轩桑梓"之称。周人崛起于庆阳，秦人肇基于天水。汉代的开边政策和张骞通西域都和甘肃息息相关。汉武帝派霍去病两次攻打匈奴。元狩二年（前 121 年），霍去病率大军击败河西匈奴，全线打通了河西走廊。汉朝将河西地区归入中原王朝版图，先后在河西设立酒泉、武威、张掖、敦煌四郡，移民屯田，修筑长城与烽燧，建立邮驿系统，并在敦煌西面设玉门关、阳关作为进出西域的门户。建元二年（前 139 年）和元狩四年（前 119 年），汉武帝两次派遣张骞出使西域，使中原王朝与西域各国政治经济文化交流日益密切。一条由长安出发，经河西走廊，通向亚洲腹地的西域和中亚，并连接西亚、南亚和遥远的地中海各国的陆上通道逐渐形成，这就是著名的"丝绸之路"。由于地接西域，曾是陆路"丝绸之路"的要冲和必经之地，加之魏晋南北朝时期五凉（前凉、后凉、北凉、南凉、西凉）、三秦（前秦、后秦、西秦）、北魏、西魏、北周等各个割据政权的统治阶级都大力提倡佛教，甘肃成为中国古代较早接触佛教和产生佛教艺术并形成早期佛教发展中心的地区之一。十六国时期河西的凉州成为当时中国北方地区佛教的一个中心。据《魏书·释老志》记载：凉州自张轨后，世信佛教。敦煌地接西域，道俗交得其旧式，村坞相属，多有塔寺。龟兹出生的天竺人鸠摩罗什，佛学造诣极深。

后 记

当时前秦统治者苻坚于公元 382 年派遣大将吕光讨伐西域，将罗什俘虏到凉州。后秦弘始三年（401 年）姚兴派兵打败吕隆，将鸠摩罗什迎接到长安。鸠摩罗什在凉州滞留约 17 年，弘扬佛法，学习汉文。到长安以后，致力于经论的翻译，成为中国佛教史上最伟大的译经大师之一，对后世佛教影响极其深远。北凉的统治者沮渠蒙逊以组织译经和开窟造像而闻名，北凉佛教重视禅修，这对于石窟的营建无疑起到了促进作用。隋唐时期，甘肃成为我国联系西域各国和欧洲的重要通道。隋大业五年（609 年），炀帝西巡，自关中经陇东南、陇中，渡黄河，经青海东部河湟谷地，过扁都口，越祁连山到张掖，驻跸焉支山，高昌王麴伯雅、伊吾吐屯设等西域二十七国首领和使节恭迎拜谒，武威、张掖男女百姓盛装观礼，场面极为宏大，随驾的沙门慧乘还奉敕为高昌王麴伯雅讲《金光明经》。甘肃物质文化遗产非常丰富，甘肃东部新石器时代至青铜时代的大地湾、马家窑、齐家、四坝、辛店、沙井等彩陶文化遗存，以武威雷台汉墓，酒泉、嘉峪关、张掖高台等地的魏晋壁画墓为代表的古墓葬，秦汉与明代的长城、烽燧、关隘遗址如玉门关、阳关、嘉峪关、悬泉置等，居延和敦煌等地出土的汉简，古"丝绸之路"沿线的佛教石窟寺等都颇具代表性。

佛教及佛教艺术发源于南亚次大陆，通过陆路"丝绸之路"经中亚传入我国。古代印度就流行在远离闹市的河畔山崖上开窟造像，用于宗教修行或礼拜，故名石窟或石窟寺。佛教石窟寺成为建筑、塑像与绘画三者结合的艺术载体。按功能，石窟寺可分为以下几种：用来居住生活的僧房窟，用来储存东西的廪窟，用来埋葬死者的瘗窟，用来禅定修行的禅窟，用来纪念高僧的影窟，用来拜佛弘法的礼拜窟。按形制，禅窟又可以分成两种，一种是仅容一人禅定的单室禅窟，另一种是可供多人同时修行的多室禅窟。僧房窟也有单室与多室两种。多室僧房窟或多室禅窟在印度叫毗诃罗窟，有的毗诃罗窟在正壁中央还设有可供礼拜的佛像。按形制，礼拜窟又可以分成以下几种：一种是在洞窟的中后部竖立一个柱形建筑的洞窟，在印度这种柱形建筑为一座佛塔，佛塔粗壮的圆柱形塔身之上有覆钵和塔刹，信徒绕塔巡礼参拜，称为支提窟，也就是我们常说的塔庙窟，在中国这种柱形建筑变成了一个从洞窟地面连通窟顶的方柱，在方柱的四面分多层开龛造像，所以称为中心方柱窟，一般认为这个方柱象征着佛塔，所以这种洞窟又被称为中心塔柱窟；另一种是佛殿窟，平面一般为方形，以覆斗顶居多，也有人字披顶、平顶或穹隆顶，在正壁贴壁塑像或开龛造像，有的同时也在两侧壁开龛造像，有的佛殿窟在洞窟中间设有方形、圆形或马蹄形等形式的佛坛，坛上塑像，称为中心佛坛窟或佛坛窟，有的佛坛窟在佛坛后部有连接窟顶的背屏，称为中心佛坛背屏窟；还有一种是在洞窟中雕塑大佛像的大像窟，如立佛大像、倚坐弥勒大像、结跏趺坐的释迦牟尼或卢舍那佛大像、右胁而卧释迦牟尼涅槃大像、并坐七佛大像等，由于需要容纳大像，大像窟与一般的洞窟有所不同，属于特殊形制的洞窟，有的非常高大，有的极为宽广，涅槃窟和七佛窟一般为横长方形平面，盝形顶或券顶。

  佛教传入中国在不同时期有几条不同的路线。东汉魏晋南北朝时期佛教及其艺术主要通过陆上"丝绸之路"与海上"丝绸之路"不断传到中国。通过陆路"丝绸之路"，佛教首先在西域也就是今天中国新疆地区传播，之后沿河西走廊，传入当时是中国政治中心所在的山西和河北地区，再传播到河南和陕西地区，在隋唐的政治中心长安和洛阳得到充分发展后再向外辐射到中国各地。通过海上"丝绸之路"，东晋南朝时佛教在沿海地区尤其江苏和山东等地区登陆，并沿长江上溯到巴蜀地区，但这个时期南方主要流行修建佛寺而不是石窟，南方地区开窟造像应该是受到北方的影响，因此石窟的年代都普遍偏晚。青藏高原的吐蕃兴起以后，产生了藏传佛教。藏传佛教对西夏和南诏大理的佛教产生了深刻影响。元、明、清时期各地尤其是藏蒙地区比较流行藏传佛教，因此藏传佛教的洞窟在这些王朝统治

后 记

区域内均有营建。中国现存石窟的分布一般可以分成新疆地区、中原北方地区、南方地区、西藏地区共四个大区。中原北方地区指新疆以东、淮河流域以北，以迄长城内外的广大地区，这个地区可细分为河西区、甘宁黄河以东区、陕西区、晋豫及其以东区共四个小区。甘肃石窟主要属于河西和甘宁黄河以东区，在造像上多泥塑和壁画，与陕西、晋豫及其以东区多石雕不同。

在今天甘肃省境内保存着大量的古代佛教石窟寺遗址群，据不完全统计，总计有200余处。这些石窟群如一颗颗璀璨的明珠，沿着"丝绸之路"从河西走廊西端一直分布到陇东陇南，绵延1000多公里，形成甘肃石窟寺文化遗产的奇观。甘肃现存石窟群具有开凿时间较早、延续时间较长、规模较大等特点。这些石窟群都是全国重点文物保护单位，而且莫高窟、麦积山石窟和炳灵寺石窟已经被联合国教科文组织列入世界文化遗产名录。敦煌莫高窟开凿于4世纪，连续兴建到14世纪，延续千年，现存仍有洞窟735个，壁画45000多平方米，彩塑2000余身，且各个时代的洞窟及其造像各有其特点。永靖炳灵寺石窟第169窟无量寿佛龛有西秦建弘元年（420年）墨书题记，这是目前国内石窟发现最早的纪年题记。莫高窟以东的昌马石窟、文殊山石窟、马蹄寺石窟、天梯山石窟等都保存着5~6世纪的遗迹。这些早期的佛教艺术遗迹都带着浓郁的西域风格，可以说甘肃是佛教传入汉地后的第一站，甘肃早期石窟是佛教及其艺术中国化初期阶段的产物，在中国佛教发展史上具有重要意义。北凉统治者沮渠蒙逊在凉州南百里石崖开凿石窟，安置石像与塑像，并为其母在阳述山山寺造丈六石像，可能就是今天的武威天梯山石窟。公元439年，北魏灭北凉，将北凉大量的百姓与佛教徒迁徙到北魏首都平城附近。为北魏皇室主持开凿云冈石窟昙曜五窟（第16~20窟）的僧人昙曜原来就在凉州修习禅业。中国著名考古学家北京大学宿白教授在《凉州石窟遗迹和"凉州模式"》一

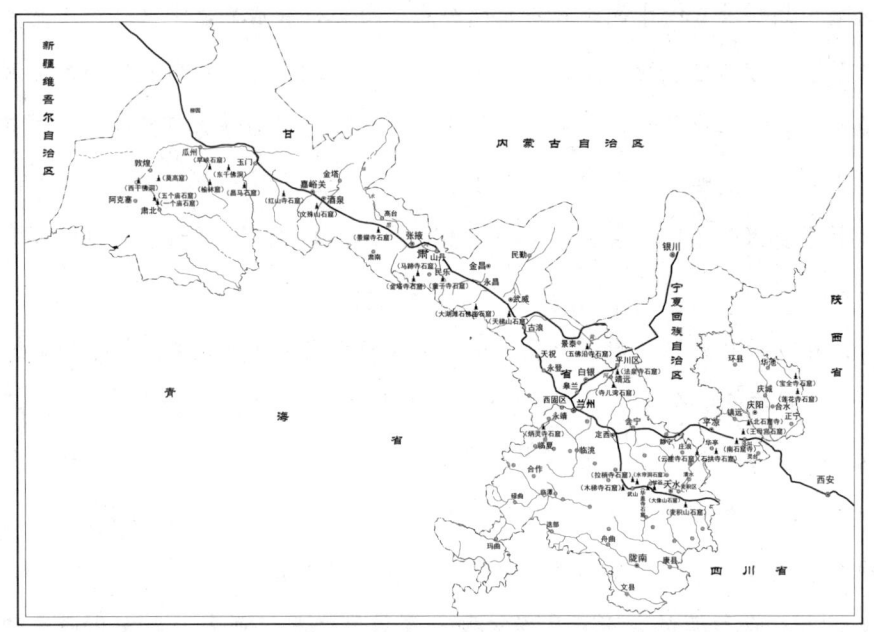

甘肃省主要石窟分布图（吕文旭　绘）

文中指出了云冈石窟与凉州石窟之间的渊源关系。甘肃东部的麦积山石窟则深受北魏皇家石窟云冈石窟的影响。西魏文帝皇后乙弗氏在麦积山出家为尼，死后凿龛为陵而葬，说明麦积山石窟在西魏时期具有皇家石窟的性质。

按照地理与历史特点，甘肃石窟的分布大致可以分为四个地区：河西地区、陇中地区、陇东南地区、陇东地区。

河西地区位于本省黄河以西，因南有祁连山，北有龙首、合黎、马鬃等山，居两山之间，地势平坦而狭长，形似走廊，故又名河西走廊。东起乌鞘岭，西至甘、新交界地，呈东南至西北走向，长1000公里，南北最宽处100公里，最窄处仅10余公里。又可分东段的古凉州区即石羊河流域武威市与金昌市所在的绿洲，有武威天梯山石窟和玄母洞石窟等；中段的古甘州与肃州区即黑河流域及其支流北大河流域张掖市、嘉峪关市、酒泉市东部所在的绿洲，有张掖肃南马蹄寺石窟、文殊山石窟和民乐童子寺

后 记

石窟等;西段的古瓜州与沙州区即酒泉市西部疏勒河流域及其支流党河流域玉门市、瓜州县、敦煌市、肃北蒙古族自治县等县市所在地绿洲,有玉门昌马石窟和赤金红山寺石窟,瓜州榆林窟和东千佛洞,敦煌莫高窟和西千佛洞,肃北五个庙和一个庙等石窟。

陇中地区包括兰州市、白银市、定西市、临夏回族自治州、天水及平凉市六盘山以西的静宁、庄浪2县,地理范围为陇山以西,北界宁夏;南连陇南山地,以渭河、漳河、太子山一线为界;西以祁连山东缘为线,包括永靖、永登、景泰西部地区。有永靖炳灵寺、白银寺儿湾、景泰五佛寺、靖远法泉寺等石窟。

陇东南地区位于本省南部,包括陇南地区全部及天水、甘南地区一小部分,地理范围为渭河以南,临潭、迭部一线以东的区域。有天水麦积山石窟、拉梢寺石窟、大像山石窟等。

陇东地区位于陇山以东泾河流域,包括庆阳及平凉市六盘山以东各市县。有庆阳北石窟,泾川南石窟,王母宫石窟,华亭石拱寺石窟,镇原石空寺石窟,合水保全寺、张家沟门、莲花寺石窟等。

按照时代特点,甘肃石窟的发展大致可以分成早、中、晚三个时期。

早期主要是公元5~6世纪的十六国至北朝时期,洞窟形制主要流行中心方柱窟、佛殿窟、多室禅窟等,造像题材主要有三世佛、释迦、交脚弥勒、半跏思维弥勒、释迦多宝对坐、千佛、本生故事、佛传故事、因缘故事、中国传统神话人物、天宫伎乐等,尤其是流行强调忍辱施舍、善恶有报的本生故事。图案流行忍冬纹与莲花纹。供养人像一般成行整齐排列,体型较小。壁画多以土红色为地,热烈奔放。人物面部与身体多使用西域凹凸法晕染。北魏晚期至西魏时期人物秀骨清像和褒衣博带。敦煌莫高窟和西千佛洞,肃北五个庙石窟,玉门昌马石窟,肃南马蹄寺石窟,肃南文殊山石窟,民乐童子寺石窟,武威天梯山石窟,永靖炳灵寺石窟,天水麦积山

243

石窟等都保留有较多早期石窟遗存。

中期主要是公元7~10世纪的隋唐五代时期，又可分为前后两段，前段主要是7~8世纪的隋代与唐代前期，后段主要是9~10世纪的唐代中后期与五代时期。前段时由于甘肃处于隋唐中央政府强有力的管辖之下，造像题材和风格较多地受到两京即长安与洛阳佛教艺术的辐射。后段时河西地区在中唐时期一度被吐蕃占领，从而受到吐蕃佛教的影响，晚唐五代时受各地割据势力的影响石窟寺的发展情况各有不同，敦煌在河西地区独树一帜。洞窟形制主要流行佛殿窟、大像窟，造像题材主要有释迦、倚坐弥勒、观音、地藏、文殊普贤相对，西方净土经变、东方药师经变、弥勒经变、法华经变、维摩诘经变等各种经变画。壁画细密精致、浓艳富丽。图案流行葡萄纹、石榴纹、宝相花纹，团花纹、联珠纹等。供养人像有大有小，大者超过真人大小。敦煌莫高窟和西千佛洞、武威天梯山石窟、永靖炳灵寺石窟等石窟都保存有较多隋唐时期的洞窟遗存。

晚期主要是公元11世纪以后的宋、西夏、元、明、清时期，除了汉传佛教继续发展，密教题材与藏传佛教洞窟兴盛，洞窟形制主要流行佛殿窟，有的佛殿窟有中心佛坛，造像题材主要有释迦涅槃、弥勒、药师佛、接引佛、千佛、五方佛、炽盛光佛、水月观音、布袋和尚、十八罗汉、四大天王、三教诸佛、各种曼荼罗、八塔变、净土变、涅槃变、弥勒变、药师变等。图案流行团龙、团凤、孔雀、回纹、联泉纹等，壁画多以绿色为地，清新淡雅。供养人像除了汉装以外，还有回鹘人、党项人、蒙古人、满人的装束。瓜州榆林窟与东千佛洞，肃北五个庙等石窟的西夏藏传佛教洞窟，马蹄寺石窟的元、明、清时期的藏传佛教洞窟都颇具特点。

总之，甘肃在中国古代政治和文化中国具有重要的地位，是汉唐时期拱卫关中和开拓西域的重要基地，农耕文化与游牧文化在这里交融，十六国北朝和唐、宋、元、明、清时期有不少少数民族建立的政权管辖过这里，历史上这里的汉、匈奴、鲜卑、羯、羌、氐、吐蕃、吐谷浑、回鹘、党项、蒙古、满等各族人民都为中国统一的多民族国家的文明发展作出了自己的贡献，沿着"丝绸之路"而来的外来文化尤其是古印度佛教文化也在这里生根发芽。不同文化与文明在这里交融互鉴，形成独具特色的地域文化。甘肃现存的佛教石窟群作为中华民族宝贵的文化遗产，各民族共同创造的艺术财富，今天不断激发着我们民族的文化自信，同时也需要我们持续地用匠心去呵护这些全人类共同的文化遗产，让我们的子孙后代也能见到这些伟大的艺术作品，感受中国古人的精神世界和艺术创造力。

（本书图版由敦煌研究院提供，敦煌研究院版权所有。）